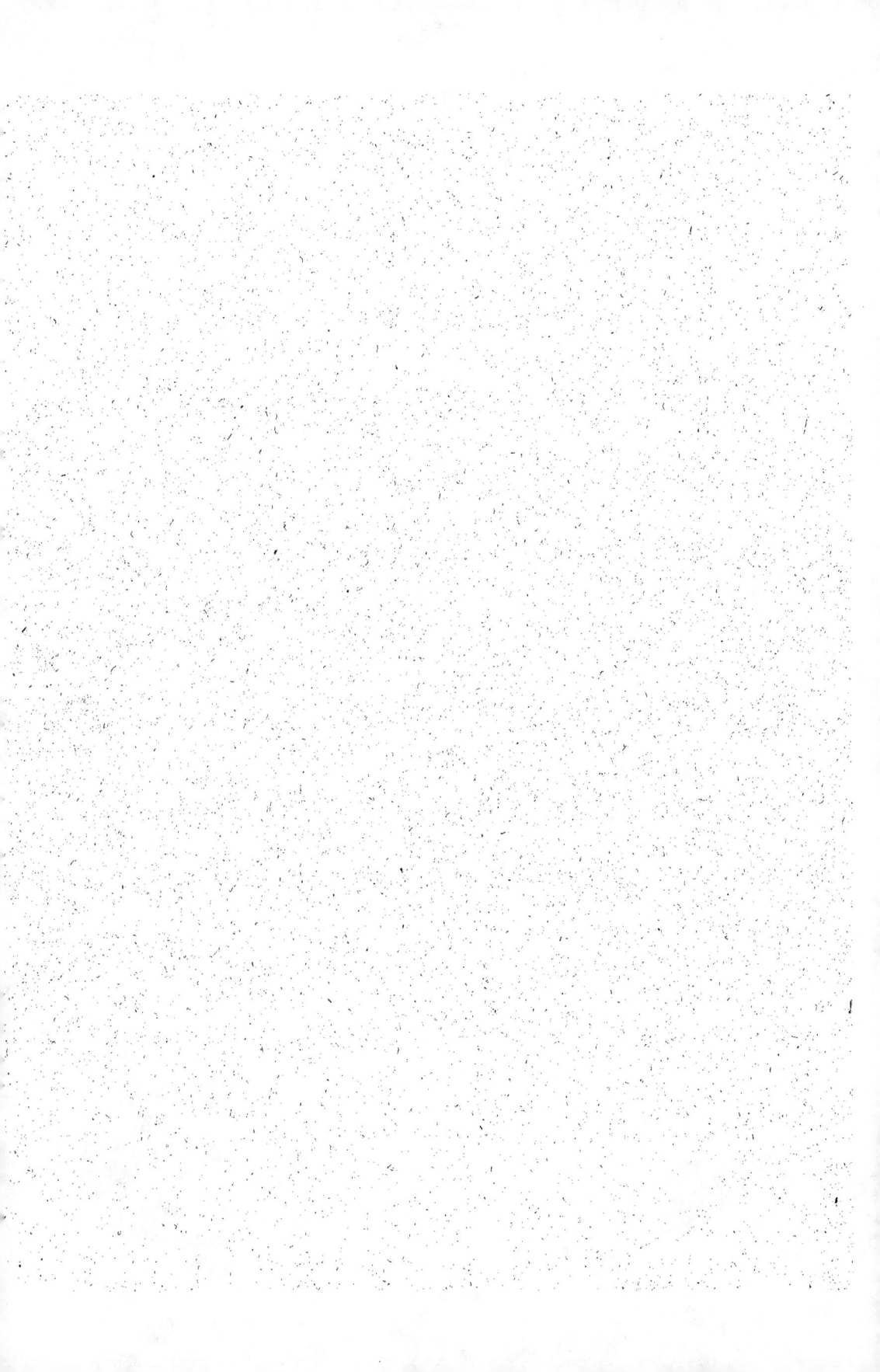

G

CHOIX

DE

COSTUMES

CIVILS ET MILITAIRES

DES PEUPLES DE L'ANTIQUITÉ,

leurs Instrumens de Musique, leurs Meubles,
et les Décorations Intérieures de leurs Maisons.

D'APRÈS LES MONUMENS ANTIQUES,

avec un Texte tiré des Anciens Auteurs;

Dessiné Gravé et Rédigé

par

N. X. Willemin.

TOME SECOND.

———

L'An X. de la République Française,
1802.

Willemin del. & sculp.   Godefroi scrip.

OBSERVATIONS.

L'ÉTUDE du dessin, jointe à celle des monumens, fait plus aisément connaître les erreurs commises par quelques antiquaires *, qui ont pris une chose pour une autre; par exemple, des figures d'hommes pour des figures de femmes, des Parthes pour des Sarmates, des Grecs pour des Romains, des Gaulois pour des Étrusques, des cornes à boire pour des biberons de nourrices, des miroirs pour des patères, des colliers gaulois pour des cordes, enfin des monumens de la renaissance pour des monumens antiques.

Si la connaissance des arts du dessin m'a, par cela même, fait remarquer les méprises de quelques savans, j'ai été aussi à portée de profiter de leurs lumières, en consultant tous les ouvrages d'antiquités, même les plus médiocres, et en recherchant avec soin les monumens les moins connus, et les plus propres à répandre un nouveau jour sur l'histoire des costumes, ainsi qu'à propager le bon goût. J'ose croire que jusqu'à présent cet ouvrage est un des plus complets en ce genre, et l'un de ceux où l'on trouve le plus d'antiquités inédites.

Je n'ai pu renfermer dans un cadre étroit (de deux volumes) tous les costumes, ornemens et meubles des peuples de l'antiquité : ayant traité, dans ce premier ouvrage, des peuples de l'Afrique, de l'Asie, et des Grecs, qui occupent à eux seuls une grande partie du premier volume et le deuxième tout entier, je me propose de donner, dans un volume supplémentaire, ce qui concerne les autres peuples de l'Europe, à l'exception des Français, qui seront l'objet d'un ouvrage particulier.

Il m'a paru inutile de traiter du costume des Romains, cette matière ayant été épuisée en quelque sorte par Duchoul, le P. Catrou, et Montfaucon, qui ont puisé dans les ouvrages représentant les colonnes Trajane, Antonine, Théodosienne, les arcs de triomphe

---

* Aidé des conseils des personnes instruites, qui me seraient échappées dans le cours de ce j'espère rectifier, dans le Supplément, les fautes premier ouvrage.

de Rome et d'autres villes de l'empire romain. Ces recueils étant entre les mains de tout le monde, il reste peu de choses neuves à donner sur cette partie : aussi me suis-je étendu plus particulièrement sur les Grecs, peuple sublime, dont le génie a enrichi, et, pour ainsi dire, meublé l'univers de ses ingénieuses et belles productions.

Quant à l'ordre établi pour le texte, j'ai cru qu'il seroit plus agréable pour mes lecteurs de réunir et de lier ensemble les divers passages des auteurs classiques, à l'imitation de l'ouvrage du célèbre abbé Barthélemi : ainsi j'ai séparé les notices de cette partie du texte dont les planches se trouvent placées intermédiairement, dans la vue de rendre ce recueil plus facile à consulter.

Je termine en observant que je me trouverai assez récompensé des peines et des soins que m'a coûtés cet ouvrage, s'il peut contribuer, avec mes premiers travaux, à perfectionner le goût de nos manufactures d'objets d'arts, ainsi qu'à épargner à de célèbres artistes en tout genre l'ennui de faire des recherches qui leur déroberaient un temps précieux.

NOTICE DES PLANCHES

QUI COMPOSENT

LE DEUXIÈME VOLUME.

PLANCHE PREMIÈRE.

L'ornement du frontispice de ce volume est tiré des peintures d'une chambre d'Herculanum.

PLANCHE II.

Nos 2, 3, 4 et 5. Lyres de différentes formes, et montées de plusieurs cordes, dont le nombre est varié. N° 6. Une femme dans l'action d'accorder sa lyre en tournant les chevilles de son instrument; ce qui se rencontre très-rarement sur les monumens. N° 7. Musicienne tenant une lyre et un petit plectre à deux têtes *.

PLANCHE III.

N° 9. Musicien grec jouant de la double flûte conjointe, inégale, et portant sur son dos la lyre à trois cordes : cette figure et la lyre n° 10 se trouvent dans la première collection d'Hamilton. Les autres lyres, sous les nos 8, 10, 12 et 13, doivent se faire remarquer par la variété de leurs cordes et la forme de leurs plectres; elles sont prises de la seconde collection d'Hamilton.

PLANCHE IV.

On reconnaît la forme de la cithare aux figures d'Apollon, et celle de la lyre à celles de Mercure. L'instrument porté par la musicienne n° 14 est à trois cordes; celui du n° 15, à huit; et celui que tient la femme n° 16, à cinq. On remarque de plus les chevilles; ce qu'il est très-difficile de distinguer sur les autres monumens. (Voyez la seconde collection d'Hamilton.)

PLANCHE V.

Les cithares de cette planche, nos 18, 19, 20, tirées des Peintures d'Herculanum, montrent le génie étendu des Grecs, qui savaient varier de mille manières tout ce qui était susceptible de diverses formes : on n'aura pas à faire la même remarque sur la forme de nos instrumens, dont la monotonie et le mauvais goût décèlent l'ignorance des ouvriers de notre temps. N° 17. Cette cithare est prise d'une frise d'un temple de l'Ionie.

PLANCHE VI.

Les trigones, ou harpes, nos 21, 25 et 26, sont tirées des Peintures d'Herculanum; celle du n° 22 est celle que tient la figure 26. J'ai tiré le n° 23 de la collection de M. Parois; et la figure n° 24, du premier recueil d'Hamilton.

PLANCHE VII.

Ces flûtes pastorales, nos 27 et 29, sont placées ici pour faire connaître que

---

* Je m'occupe de la recherche de passages très-curieux sur les meubles des anciens, lesquels formeront le texte du troisième volume, faisant suite aux deux premiers.

ces instrumens ne sont pas toujours à sept tuyaux, puisque l'une en a huit, et l'autre onze. (Voyez les Peintures d'Herculanum.)

N° 28. Ces flûtes, dont les noms désignent la forme, sont tirées d'un bas-relief représentant la mère des dieux; il est de marbre, et conservé au Capitole. Nos 30 et 31. Tympanons extraits des Peintures d'Herculanum.

Les trois instrumens à cordes, nos 32, 33, 34, se remarquent par leur forme. La *khelys* est un instrument ressemblant à notre luth et à notre guitare : c'est aussi le plus ancien, puisqu'on le retrouve sur les monumens de l'Égypte. La lyre, tirée d'une peinture d'Herculanum représentant l'éducation d'Achille par Chiron, offre les particularités suivantes : les tuyaux placés en haut sur la traverse, les bouts des cordes qui paraissent au bas de la lyre, et le nombre de cordes, qui va jusqu'à onze. La cithare a une tablette mise de manière que les cordes devaient être placées des deux côtés de l'instrument. (Voyez *Dona, Lyra Barberina*.) L'ornement qui est au bas de la planche, est tiré d'un vase de la première collection d'Hamilton.

PLANCHE VIII.

C'est particulièrement dans les vases que l'on a occasion d'admirer le génie des Grecs, tant pour la variété que pour la beauté des formes et l'excellence des ornemens, toujours motivés avec un raisonnement et une grâce particulière ; c'est en partie pour faire ressortir leur mérite, que j'ai cru devoir les ranger par classe, ainsi que j'ai fait pour les habits et les armures. Le n° 35 est le même vase, vu de deux côtés. Le sujet n° 37 fait connaître l'usage de mettre des couronnes autour du cou dans les repas, et une manière particulière de boire avec les rhytons.

PLANCHE IX.

Nos 39, 40, 41. Anses de vases, trouvées en partie à Pompeii, dans la boutique d'un mercier; elles étaient accompagnées de moules de terre cuite, pour les jeter en fonte. N° 38. Oreilles supérieures d'un grand vase dont l'anse, mobile et cintrée, s'abat sur le bord du vase, qui était presque entièrement recouvert de fer fondu quand on en fit la découverte.

PLANCHE X.

On peut remarquer dans ce sujet la forme des vases à boire, des meubles, et la manière dont les anciens se mettaient à table.

PLANCHE XI.

N° 44. Ornement et anse d'un vase de bronze, dont les ornemens sont en argent; ce vase, du même genre que celui de la planche IX, a aussi des anses mobiles, qui retombent sur ses bords. Les nos 43 et 45 sont tirés de vases dont la forme ne présente aucune beauté.

PLANCHE XII.

Le sujet gravé dans cette planche apprend quel étoit le genre d'étoffe ornée dont on se servait pour les oreillers et les tapis de table, ainsi que la forme des pieds des lits et du cratère, grand vase dans lequel on mêlait l'eau avec le vin, pour remplir les vases à boire.

PLANCHE XIII.

Ces trois lampes en bronze, n°s 47, 48, 49, sont remarquables par la variété et la beauté de leurs ornemens. Celle du n° 48 est à deux becs; elle était appelée *dimyxon*. La troisième lampe est élevée sur un trépied porte-lampe.

PLANCHE XIV.

N°s 54 et 53. Torches ou porte-flambeaux, dont l'un est tiré d'une peinture d'Herculanum, et l'autre de la seconde collection d'Hamilton. Les n°s 52 et 59 représentent des corbeilles de fruits, prises des Peintures d'Herculanum. N° 55. Femme grecque portant un rayon de miel, et le *karkhésion,* vase à boire : cette figure et les corbeilles n°s 50 et 51 se trouvent dans la première collection d'Hamilton. N°s 58 et 56. Vases de verre. N° 60. Pain de figure mamelonnée. N°s 61 et 57. Vases et bourse étiquetés. Le n° 62 représente une serviette frangée. Ces derniers objets sont tirés de diverses peintures d'Herculanum.

PLANCHE XV.

Ces anses élégantes appartenaient à des vases d'une mauvaise forme; je me suis imposé la loi de ne donner que les ornemens qui m'ont paru de bon goût, et qui peuvent servir de modèle aux artistes : la plupart des numéros servent moins pour l'explication, que pour constater le nombre des monumens contenus dans cet Ouvrage. La lame d'argent, sous le n° 68, peut avoir servi à une tablette; les figures représentent Esculape et Hygia.

PLANCHE XVI.

On ne peut qu'admirer le génie des anciens Grecs, en jetant les yeux sur ces vases dont la forme est si variée. Les n°s 73 et 74 sont placés ici, pour faire voir leur proportion relative avec les figures; ce que j'ai souvent pratiqué dans le cours de l'Ouvrage. Tous les monumens de cette planche, rangés sous deux classes, sont pris de la première collection d'Hamilton, publiée par d'Hancarville.

PLANCHE XVII.

Ces sortes de trépieds peu élevés ne servaient qu'à supporter les lampes; ils sont en bronze, ainsi que la lampe à trois becs n° 80. Voyez les bronzes d'Herculanum, d'où ces monumens sont tirés.

PLANCHE XVIII.

Les vases en forme d'aiguière étaient appelés *hydria;* les vases en forme de corne, *keras;* et ceux qui étaient évasés comme des coupes, *phialé, kratanion, kyathos* et *kylix,* etc. etc. Je donnerai, dans le Supplément de cet Ouvrage (comme je l'ai promis plus haut), des passages curieux sur tous les vases des Grecs. Les monumens dont cette planche est composée, sont tirés des deux collections d'Hamilton.

PLANCHE XIX.

Ce beau candélabre, en bronze et en argent, a été trouvé, avec beaucoup d'autres, dans une maison de campagne près d'Herculanum; ils ont la plupart quatre à cinq pieds de haut, et ils sont percés au pied, afin de pouvoir être fixés dans les salles de festins et auprès des lits. Ces candélabres sont appelés en grec *lychneion.*

PLANCHE XX.

Tous ces vases, de formes agréablement variées, ont des noms relatifs à leur usage et à leur figure, comme *vases à boire, vases à verser le vin*, et *vases à le puiser.* Les ornemens de cette planche sont tirés de coupes dont les formes sont peu élégantes et riches.

PLANCHE XXI.

Ces mosaïques ont été publiées par le cardinal Furietti, et les vases par d'Hancarville. Les noms de ces vases sont tirés des anciens auteurs grecs, dont le texte a aidé à les faire reconnaître.

PLANCHE XXII.

Les mains qui tiennent ces vases servent à en faire voir les proportions. Le Satyre n° 106 porte le grand cratère, vase à mêler le vin, et dans lequel on puisait pour verser ensuite dans les coupes. Les nos 107 et 105 sont des cratères et des vases pour puiser et pour verser; ils sont dessinés d'après les bas-reliefs de la lanterne de Démosthène à Athènes. Je crois avoir le premier fait connaître la véritable figure de ce grand vase; on en remarque aussi dans les Peintures des bains de Titus.

PLANCHE XXIII.

On voit souvent dans les monumens grecs, que les siéges et les lits étaient ornés de riches étoffes rayées, dont les dessins étaient très-variés. Dans Homère on trouve des descriptions de riches tapis et de belles peaux apprêtées avec art, et qui servaient à couvrir les lits et les trônes. Les monumens de cette planche sont tirés des deux collections d'Hamilton, qui ont fourni tant de monumens curieux, et propres à expliquer une foule d'usages des anciens.

PLANCHE XXIV.

N° 115. Les tablettes à écrire étaient la plupart en ivoire, et enduites d'une couche de cire pour y tracer l'écriture et les chiffres avec des poinçons ou styles du n° 116; le milieu était orné d'un bouton, pour empêcher les feuilles de se coller ensemble.

La figure 118 est placée ici pour faire connaître la manière de tenir les livres ou rouleaux, et faire remarquer qu'ils étaient écrits par colonnes sur la hauteur, et roulés sur un ou deux tubes placés aux deux extrémités du papier, composé d'écorce de *papyrus*, plante d'Égypte. Ces colonnes, dans les manuscrits trouvés à Herculanum, ont environ quatre doigts de large et quarante lignes; entre les colonnes il y a un doigt d'espace, et elles sont encadrées d'une ligne rouge.

Aux trois manuscrits n° 117, on voit une plaque numérotée, et un bout de ruban pour tirer les volumes de la bibliothèque, ou boîte où ils étaient ordinairement renfermés. Voyez le monument de la planche LXXIII, n° 2. Les deux écritoires nos 119 et 120, ainsi que l'ornement, d'un excellent goût, les tablettes, les livres, sont tirés des Peintures d'Herculanum. La figure qui tient le volume ouvert, est tirée de la deuxième collection d'Hamilton.

PLANCHE XXV.

Les cuillers des anciens, n'étant destinées qu'à répandre des sauces sur les mets, étaient plus profondes que les nôtres. Le n° 122 en représente une; la petite figure, tirée d'un vase grec, en fait voir la proportion relative. Presque tous les ouvrages d'orfévrerie trouvés à Herculanum sont d'une belle exécution; les coupes et soucoupes sont les plus remarquables pour l'ornement et la beauté des profils. Le n° 125 montre le développement de l'anse de la soucoupe.

PLANCHE XXVI.

N° 126. Voyez la notice de la planche XXXVI. Le beau pavé en marbre, n° 127, fait la plus belle partie de celui qu'on a trouvé dans un temple à Préneste.

PLANCHE XXVII.

N° 128. Vase en terre, et de la grandeur de l'original, qui se voit toujours dans les attributs consacrés à Hercule, comme lui appartenant en propre. Celui du n° 129 est en argent; il servait pour puiser : l'anse présente une forme neuve et originale.

PLANCHE XXVIII.

N° 130. Ornement pris des mêmes peintures expliquées planche XXXVI. La mosaïque n° 131 a été trouvée dans les premières excavations des environs de la fontaine de Nîmes; elle est composée de cubes de marbre de trois couleurs, noir, rouge et blanc. (Publiée par Ménard.)

PLANCHE XXIX.

Le haut de cette planche est occupé par un éventail, une corbeille à fruit de forme agréable, ainsi que le panier n° 134. La figure n° 135 tient une corbeille d'une plus petite proportion. (Tiré des deux collections d'Hamilton.)

PLANCHE XXX.

Cette mosaïque est une des plus belles de toutes celles qu'on a trouvées en France; le blanc, le rouge, le jaune, le noir et le vert en composent les couleurs. Cette mosaïque a été trouvée à Nîmes en décembre 1785, dans le jardin du gouverneur. Ce pavé a été gravé avec le plus grand soin par un habile artiste, sur le dessin du sieur Bancal, géomètre et architecte de la même ville.

PLANCHE XXXI.

Ces deux magnifiques candélabres, n°s 138 et 141, ont été trouvés dans la maison de campagne d'Herculanum; ils sont en bronze, et les ornemens en argent incrusté. Les détails du premier candélabre, sous les n°s 139 et 140, en font remarquer la beauté, ainsi que la richesse des ornemens.

PLANCHE XXXII.

Joli fragment d'une bordure en mosaïque trouvée à Culm et à Avenches en Suisse, et publiée par Schmidt. N° 143. Ce monument, trouvé en Istrie, et publié par le célèbre Carletti, a été pris pour un *pulvinar,* espèce de gradin ou de lit sur lequel on mettait les statues des dieux. En examinant ce bronze avec attention, je ne puis partager ce sentiment; je le regarde plutôt comme un brasier, la forme en étant parfaitement semblable à celle des brasiers trouvés à

Herculanum et à Pompeï, et ne ressemblant en rien aux lits de bronze trouvés aux
mêmes lieux : ce meuble, trouvé rempli de charbons, ne peut être qu'un brasier.

Nº 144. Corniche peinte, tirée des Peintures d'Herculanum.

PLANCHE XXXIII.

Voyez la notice de la planche XXXVI, d'où ce corps d'architecture a été pris ;
le lustre placé au centre, et destiné à porter les lampes, doit se faire remarquer.
Ce curieux fragment de mosaïque, n° 146, a été publié par le savant Maffei
dans ses Monumens de Vérone. Ce qu'il a de particulier, est d'avoir été fait
par des femmes, nommées *Marine* et *Eusébie* : la première en a fait dix pieds,
et l'autre cent vingt ; ce qui est écrit dans le pavé même.

PLANCHES XXXIV ET XXXV.

Ce magnifique bas-relief, en marbre, représente les attributs de quatre
divinités, Mercure, Diane, Bacchus et Apollon; il est conservé au Capitole,
et a été publié par Bottari. La forme des planches de cet Ouvrage m'a forcé
de diviser ce monument en quatre parties.

PLANCHE XXXVI.

Cette belle partie de décoration est une de celles qui ornaient la maison
découverte sur le mont Esquilin par le chevalier d'Azara, et dessinée par Mengs.
Il doit y avoir treize gravures, d'après un pareil nombre de peintures. Suivant
M. Bianconi, cette maison était la maison de campagne de Lucille, femme de
Lucius Vérus, et fille de Marc-Aurèle et de Faustine.

PLANCHE XXXVII.

Cette aiguière présente, outre une forme élégante, une anse d'une composition originale et très-gracieuse ; cette anse est représentée de face, en haut
de la planche.

PLANCHE XXXVIII.

Nºs 150 et 151. Deux coupes très-variées par leurs profils et la composition de
leurs anses; celle du dernier numéro a cela de particulier, que ses anses se replient
sur les bords du vase, dont chaque moitié est figurée par un profil différent.
N° 151. Main de tiroir ou de brasier, richement composée. N° 153. Cuiller vue
de face et de côté.

PLANCHE XXXIX.

Toutes les pièces de meubles et d'ustensiles trouvées à Herculanum et à
Pompeï, sont la plupart d'une si agréable composition pour la forme et les
ornemens, qu'il faudrait, à chaque fois qu'on a l'occasion d'en faire connaître,
le faire remarquer au lecteur. Cette patère est une des plus belles qu'on ait
publiées jusqu'à présent ; le manche est gravé à part.

PLANCHE XL.

Ces deux candélabres, nºs 154 et 155, servaient à mettre des chandelles.
Ceux de cette espèce sont très-rares; ce qui avait fait dire à Winckelmann qu'il
n'en existait pas : quelque temps après on a trouvé ceux-ci. Ce n'est pas la
première fois que cet habile antiquaire s'est trompé, particulièrement dans son
Histoire de l'Art, que les artistes lettrés ne regardent avec raison que comme un
éloquent verbiage.

PLANCHE XLI.

Trônes dessinés d'après deux bas-reliefs, dont l'un, qui est conservé à Vérone, était consacré à Saturne, et dont l'autre, qui se voit dans le musée Napoléon, était consacré à Neptune.

PLANCHE XLII.

N° 160. Table de marbre, dont le plan est parallélogramme; on en voit les détails au trait sur la même planche.

PLANCHE XLIII.

Belle tasse d'argent, du poids d'environ trois marcs, sur le corps de laquelle est représenté, en bas-relief, Homère porté sur un aigle; d'un côté, on voit la figure de l'Iliade, et de l'autre celle de l'Odyssée. Ce beau vase ayant été fort mal représenté dans Caylus et dans Roccheggiani, je le donne ici plus exactement.

PLANCHE XLIV.

Le joli bas-relief du n° 164, ainsi que les deux chars, dont l'un est à quatre roues (nos 162 et 163), ont été tirés du Muséum du Vatican, déjà cité plus haut.

PLANCHE XLV.

Cette coupe d'argent, portée sur un support ou abaque semblable à ceux dont parle Pline, est un monument rare dans ce genre : je ne connois que celui-ci. Le n° 166 représente une lampe de bronze dont le couvercle porte un Dieu cabire qui tient dans sa main le crochet pour tirer la mèche.

PLANCHE XLVI.

N° 167. Ce beau char traîné par des panthères est extrait d'un grand bas-relief représentant le triomphe de Bacchus. Il est conservé au Vatican. Le bas-relief n° 168 est composé des attributs allégoriques d'Apollon et d'Hercule : la lyre est posée sur le *skyphos*, vase à boire d'Hercule, que le graveur italien Roccheggiani a pris mal-à-propos, dans son petit recueil, pour la base de cette lyre.

PLANCHE XLVII.

N° 169. Ornement bachique copié d'un autel de Venise; voyez planche XC. N° 170. Cuve magnifique, consacrée au culte de Bacchus, dont on voit le cratère au centre du bas-relief qui décore ce beau vase de marbre. (*Museo Pio-Clementino.*)

PLANCHE XLVIII.

N° 171. Ce riche monument grec du Bas-Empire forme le centre d'un tableau sculpté et recouvert de deux espèces de volets, où sont représentés Jésus et les douze Apôtres. On doit remarquer la forme de la croix ornée de pierreries. (Publié par Gori, dans son ouvrage sur les Diptyques.)

PLANCHE XLIX.

Riche bague d'or, n° 173, ornée d'inscriptions gravées en creux et découpées à jour; elle est, de plus, enrichie du portrait de la maîtresse à qui elle a dû appartenir. Les deux chevaux qui sont de chaque côté, désignent peut-être le prix de la course remporté dans quelques jeux.

PLANCHE L.

Cette cuvette en marbre, n° 175, ayant toujours été publiée d'une manière fort inexacte, je la donne ici plus correctement avec tous ses détails, sous le n° 176; on doit remarquer que cette cuvette se termine au-dessus des oves qui couronnent le pied sur lequel elle repose.

PLANCHES LI et LII.

Je donne ici ce beau vase sur deux faces, pour en faire voir tous les ornemens. On connaît l'emploi que les anciens faisaient des vases pour la décoration de leurs maisons. (Ce vase, de la première collection d'Hamilton, a près de trois pieds de haut.)

PLANCHE LIII.

Ce bas-relief fait voir un groupe charmant de Bacchus et Érigone se jouant avec ivresse au milieu des Faunes qui dansent autour d'eux. (Tiré d'un recueil sur les ivoires des anciens.)

PLANCHE LIV.

Camée, n° 180, représentant le triomphe de Bacchus et d'Ariadne; il paraît avoir été exécuté d'après quelque monument considérable. Ce qu'on voit de particulier dans ce bas-relief, c'est le char, qui est attelé par des Centaures des deux sexes. (Même recueil.)

PLANCHE LV.

N° 181. Bas-relief d'ivoire, du même recueil; on y voit le cratère, n° 182. Cette pierre gravée est tirée du Cabinet de Florence. Lorsque je donne des sujets qui ont été déjà publiés par d'autres auteurs, comme il n'entre point dans mon plan de donner une explication qu'on peut trouver dans leurs ouvrages, je me borne à faire des observations relatives au costume et sous le rapport de l'art chez les Grecs : je dois, en conséquence, observer que la Bacchante est coiffée en forme de corymbe; coiffure que portaient les premiers Athéniens.

PLANCHES LVI et LVII.

Vase en marbre, d'un ancien travail grec, dont on voit les détails dans ces deux planches : les ornemens et la forme de ses anses sont les mêmes que ceux qu'on voit sur les plus anciens vases de terre trouvés dans les tombeaux.

PLANCHE LVIII.

Ornemens pris d'une ancienne ciste grecque, ou corbeille de bronze, publiée par le P. Kircher.

PLANCHE LIX.

Cette peinture est curieuse par sa haute antiquité et par son inscription; elle nous retrace plusieurs usages des anciens Grecs orientaux. D'abord l'esclave qui rafraîchit l'air avec un éventail, nous rappelle le passage d'Euripide, cité plus haut dans le texte, qui regarde la toilette des femmes. On y voit ensuite la chevelure coupée des esclaves, et le voile qui couvre en partie le visage du principal personnage.

PLANCHE LX.

Ce trépied est consacré à Priape; il est de la hauteur, à peu près, de quatre palmes; son couronnement, en forme de corbeille, en rend la composition plus originale et plus agréable. Ce monument étant un objet de culte, il n'est donné ici que comme modèle, pour l'excellence de son dessin.

PLANCHES LXI et LXII.

Cette lampe, représentée dans ces deux planches avec tous ses détails, est une des plus curieuses qui aient été trouvées à Herculanum : elle est en forme d'urne. Voyez le n° 190. Au milieu est une tige pour élever la mèche vers la surface, n° 191. Cette lampe a un couvercle à charnière, percé de six trous, pour laisser pénétrer l'air. Voyez-en le plan supérieur et inférieur, n° 189. Les académiciens d'Herculanum pensent que cette lampe est une de celles qu'on appelait *cubiculaires*, parce qu'elles servaient dans les chambres à coucher ; la mèche brûlait dans cette lampe sans qu'on vît la flamme. On a trouvé aussi à Herculanum deux lampes avec leur mèche. L'une de ces mèches était de lin seulement peigné et tordu, mais non pas filé : l'autre était de chanvre.

Selon Suidas, le bec de la lampe, où se place la mèche, était appelé par les Grecs *myxa*, mot qui signifie *narine*. Pour moucher cette mèche, les anciens employaient de petites pinces de bronze. On en a trouvé dans presque toutes les chambres d'Herculanum et de Pompeii.

PLANCHE LXIII.

La belle mosaïque de cette planche, ainsi que celles des planches LXV et LXVI, viennent d'être publiées dans un volume magnifique. On voit dans ce livre les peintures des chambres de Pompeii, et les mosaïques conservées à Portici, qui ont été trouvées pour la plupart à Tivoli. J'ai fait venir exprès de Naples cet ouvrage, dont il n'y a encore à Paris que deux ou trois exemplaires.

PLANCHE LXIV.

Peintures arabesques, publiées à Londres par Turnbull. Ce recueil est très-rare en France. Le n° 194 est un trône, pris d'un bas-relief du palais Mattei à Rome.

PLANCHE LXV.

On a trouvé beaucoup de ces balances semblables à celles que nous nommons des *pesons*; le poids a assez ordinairement la figure d'un petit buste de divinité : à celle-ci on voit une tête du Dieu Pan. La partie supérieure du plateau est ornée d'un bas-relief. Voyez le n° 198.

PLANCHE LXVIII.

Ces coiffures sont prises d'une peinture grecque monochrôme ; elle porte pour inscription en caractères grecs : ALEXANDRE ATHÉNIEN M'A FAIT. Cette peinture a été trouvée à Résine le 24 mars 1746. N° 200. Portrait de Sapho, d'après des pierres gravées de la Galerie de Florence ; les coiffures sont ici les mêmes que sur ses médailles. Autres têtes coiffées avec la mitre et le croissant ; elles sont prises de bas-relief du *Museo Pio-Clementino*.

PLANCHE LXIX.

La belle figure gravée dans cette planche est remarquable par sa riche coiffure et le nombre varié des bandelettes qui sont suspendues au-dessus de sa tête. (Deuxième collection d'Hamilton.)

PLANCHE LXX.

Jolies peintures arabesques extraites de l'ouvrage des Peintures de Pompeii. Le n° 206 forme le lambris d'une de ces chambres.

COSTUMES

PLANCHE LXXI.

Je n'ai eu que deux fois l'occasion de remarquer la forme très-alongée de cette *chlæne*, et la manière de la placer sur les deux épaules. Les deux autres figures servent à faire remarquer la manière variée dont les Grecs portaient leurs manteaux. L'ornement est tiré des Peintures de Pompeii, déjà citées plus haut.

PLANCHE LXXII.

Mosaïque tirée de l'ouvrage cité ci-dessus.

PLANCHE LXXIII.

N°s 213 et 214. Bourses appelées en grec *aryballos*. N° 215. Petite boîte pour mettre des volumes; on doit remarquer les petites étiquettes qui y sont attachées. N° 217. On ne voit dans les peintures et les bas-reliefs que l'indication d'armoires construites dans les murs : celle-ci est d'autant plus précieuse, qu'elle est représentée isolée et servant de meuble, dans une peinture d'Herculanum; voyez tome Ier. N°s 216 et 218. Lambris et vantaux d'une porte d'appartement, tirés, ainsi que tous les monumens de cette planche, des curieuses peintures trouvées à Résine et à Herculanum.

PLANCHE LXXIV.

Les attributs dont ces quatre belles lampes sont ornées, indiquent assez à qui elles sont consacrées. Elles ont été publiées par Passeri, dans son magnifique ouvrage en trois volumes, composé uniquement de monumens de ce genre.

PLANCHE LXXV.

Je saisis avec plaisir l'occasion de publier cette peinture tirée d'un vase grec de la seconde collection d'Hamilton; c'est le deuxième monument qui fournit l'exemple d'un *peplon* de la forme de celui de la figure d'Isis versant le nectar à Junon. Cet habit gracieux, porté sur le bras droit, et dont je n'ai trouvé la description que dans l'Odyssée, se voit dans le premier volume de cet Ouvrage. Voyez planche XLIX, n° 210.

PLANCHE LXXVI.

Choix de lampes tirées de la collection de Passeri.

PLANCHE LXXVII.

Belle mosaïque de l'ouvrage sur les peintures de Pompeii.

PLANCHE LXXVIII.

Masques et lampes, dont la beauté et la variété forcent toujours à admirer le goût des anciens. (Publiés par Passeri.)

PLANCHE LXXIX.

Ce candélabre est en bronze et sert à porter quatre lampes; on en voit ici le plan et les détails. On en a trouvé près d'un cent, tant à Pompeii qu'à Herculanum; la plupart de ces candélabres sont de bronze, et les ornemens d'argent. Le plus grand a sept palmes et demi de hauteur.

PLANCHE LXXX.

Lampes extraites de Passeri. La lampe consacrée au Dieu Pan porte l'inscription *dias*, en caractères grecs.

PLANCHE LXXXI.

Bel autel du Dieu Mars : les trois Amours qui sont sur chaque face portent ses armes. (Voyez les statues de Venise.)

PLANCHE LXXXII.

N° 245. Ce sujet représente Minerve, à qui Iris, la messagère des Dieux, verse le nectar. Ces deux Déesses sont vêtues d'habits à fleurs, à la mode ionique. Les ornemens sont pris des Peintures de Pompeii.

PLANCHE LXXXIII.

Superbe autel d'ancien travail grec : la Déesse Iris y est sculptée; la partie supérieure du monument est détruite. (Gori, *Antiche Statue.*)

PLANCHE LXXXIV.

Lampes de la collection de Passeri, ainsi que les masques pris d'autres lampes, dont les formes étaient mauvaises.

PLANCHE LXXXV.

On a vu, dans ce que j'ai dit sur les femmes grecques (tome Ier), que l'habit dorien était sans manches. (Tiré de la seconde collection d'Hamilton.) L'éventail, avec le joli coffret, a été copié sur un beau vase de M. Durand : les parties blanches de cet éventail sont jaunes, les noires rouges, et les demi-teintes vertes.

L'ornement du n° 259 représente une corniche peinte d'une chambre de Pompeii, publiée dans le bel ouvrage cité plus haut.

PLANCHE LXXXVI.

Autel triangulaire dédié à Bacchus. (Voyez Gori.)

PLANCHE LXXXVII.

Jusqu'à présent les patères avaient été regardées comme dépendantes des sacrifices; mais on connaît mieux leur emploi depuis qu'on a fait la découverte des ustensiles rangés sous le n° 261, et qui se composent d'un anneau de métal plat, d'un paquet de frottoirs (*strigiles*) enfilé dans cet anneau, et d'une patère qui servait à verser de l'eau sur le corps, après qu'il avait été oint de parfums tirés du vase qui y est joint et qui est suspendu à l'anneau par de petites chaînes. Tous les autres monumens de cette planche viennent à l'appui de l'opinion qu'a fait naître cette découverte intéressante. Les n°s 262, 263 et 265, sont pris du *Museo Pio-Clementino*, si savamment expliqué par M. Visconti. La figure n° 264 est de la première collection d'Hamilton.

PLANCHE LXXXVIII.

Je n'ai jamais pu découvrir dans quel ouvrage cette riche chaussure grecque avait été publiée; le n° 267 paraît être l'anse d'une lampe ornée avec une feuille de vigne.

PLANCHE LXXXIX.

Les n°s 266, 269 et 270 sont pris du *Museum Florentinum*, gravé en Italie; ils représentent des guerriers et des rois armés de boucliers ornés de diverses figures. N° 272. Chaussure prise des bronzes de Kircher. Rien n'est plus rare sur les monumens grecs que les figures de trompettes; celle-ci est dessinée sur un vase de la première collection d'Hamilton : dans l'original, il y a, sur le bouclier du soldat, un *phallus* ailé.

PLANCHE XC.

Magnifique autel de Bacchus, publié par Gori, à Venise ; il est de marbre de Paros.

PLANCHE XCI.

Ce beau réchaud est un des plus riches qui aient été trouvés à Herculanum. On en a déterré un dans cette ville, qui est de forme carrée, de la grandeur d'une table moyenne, et posé sur des pattes de lion ; les bords, incrustés, sont ornés de feuillages, et les matières employées dans ce meuble sont le cuivre, le bronze et l'argent. Le fond était un gril de fer très-épais, mais garni et maçonné en briques. Le brasier sous le n° 277 est tout de bronze.

PLANCHE XCII.

La lampe et la chaussure ont été publiés par Borioni : cette chaussure est représentée sous trois faces, pour en faire voir les détails. N° 279. Les flûtes que tient cette figure sont d'une forme singulière. N° 280. Figure de Psyché jouant de la *khelys.* Voyez planche VII, tome II.

PLANCHE XCIII.

Ces deux beaux trônes, tirés des Peintures d'Herculanum, sont couleur d'or, et ornés de cloux d'argent et de pierreries. Le petit gradin pour mettre les pieds se nommait en grec *thrênys,* selon Athénée, liv. V. La cuvette, nommée *deinos,* servait à laver les pieds. Voyez le même auteur à l'article des vases, livre XI.

N° 285. On est tenté de se demander à quoi sert l'érudition, quand on l'applique si mal à l'explication des monumens ; celui-ci en est un exemple particulier. Tous les antiquaires qui ont publié la mosaïque célèbre où est représenté ce bassin, ont appliqué ici mal-à-propos les vers cités par Pline, liv. XXXVI, chap. 25, où il est question du *cantharus,* vase à boire. La couleur des colombes (naturelles, et non de métal), perchées sur ce grand bassin, ainsi que les astragales ou osselets placés en forme de pied sous ce vase, aurait dû le faire reconnaître pour la *phiale balanoote,* grand bassin à mettre de l'eau froide, et dont il est parlé dans Athénée, à la fin du liv. XI, fragment de l'abréviateur, tel que Casaubon l'a copié sans le traduire.

PLANCHE XCIV.

N°⁵ 286 et 289. Chaussure grecque militaire de la statue de Mars, vulgairement appelée *Pyrrhus.* Toutes les chaussures de cette planche ont été dessinées à Rome, en 1500, par Heemskerk.

PLANCHE XCV.

Tous les monumens de cette planche m'ont été communiqués par M. Milingen, au retour de son dernier voyage d'Italie. La patère, n° 292, a un manche d'ivoire. Dans ce genre d'ustensiles, le manche est ordinairement de métal.

PLANCHE XCVI.

De ces deux chaussures grecques, celle du n° 294 appartient à une statue de Bacchus Indien, dite *de Sardanapale.* (Musée Napoléon.) N° 296. Génie tiré de la première collection d'Hamilton.

PLANCHES XCVII ET XCVIII.

Magnifique trépied d'Apollon, en bronze et en argent, trouvé à Pompeii.

PLANCHE XCIX.

Candélabres de bronze, également trouvés à Pompeii. La tige de ces deux chandeliers étant la même, je me suis contenté de donner la tête et le pied du plus riche sur une plus grande proportion, pour mieux faire juger de la richesse des détails.

PLANCHE C.

Les monumens rangés dans cette planche font connaître la richesse du costume de ce peuple, qui date de la plus haute antiquité. L'œil exercé de l'artiste remarquera aisément le collier, *torques*, que ces peuples ont emprunté des Gaulois, dont ils étaient voisins. Les figures dont ces coiffures sont tirées, ont des inscriptions qui ne laissent aucun doute sur les peuples à qui appartiennent ces monumens (publiés par Gori, dans son superbe ouvrage du *Museum Etruscum*).

PLANCHES CI ET CII.

Trône étrusque en marbre, ornement de vase, patère de bronze. N° 112. Les figures de ce monument sont ornées de colliers et de riches bracelets, semblables à celui du n° 104, planche C. N° 113. Petit tombeau en marbre, orné d'une tête de Méduse (publié par Gori). Les antiquités étrusques qui terminent cet ouvrage, sont placées ici pour faire remarquer combien (dans les arts) ces peuples ressemblent aux Grecs.

N°ˢ 114 et 115. Masques scéniques, tirés du *Museum Odescalcum.*

FIN DU TOME SECOND ET DERNIER.

TABLE
DES MATIÈRES.

FIN DE LA TABLE.

SECONDE LISTE
DES SOUSCRIPTEURS.

MM.

AGASSE, imprimeur-libraire.

ARTARIA, marchand de tableaux et d'estampes, à Manheim, *plusieurs exemplaires.*

AUGUSTIN, peintre en miniature.

BANCE, marchand d'estampes.

BEIKER, libraire à Amsterdam, *plusieurs exemplaires.*

BIDAULD, libraire.

BLEVE, architecte.

BOSSANGE et BESSON, imprimeurs-libraires, *plusieurs exemplaires.*

BOULLIER, orfévre.

BOULOUVARD, amateur.

BRIQUET, ciseleur.

DAGUET, fabricant de papier peint.

DEBURE, libraire de la Bibliothèque impériale.

DEHARME, décorateur.

DÉTERVILLE, libraire, *plusieurs exemplaires.*

DIÈRES, amateur.

DUBOS, peintre.

ELGIN (Mylord).

FUCHS, libraire, *plusieurs exemplaires.*

GILLÉ, imprimeur.

GONDOIN, architecte.

HERHAN, imprimeur.

LAÏS, artiste de l'Académie impériale de musique.

LANDON, peintre.

LEMOT, statuaire.

MALBRANCHE, architecte.

MASIEU, sculpteur.

MASSON, statuaire.

MAULÉON, amateur.

MONORY, libraire.

MOURAVIEFF D'APOSTEL, ambassadeur de la cour de Russie en Espagne.

PEYRE, neveu, architecte.

PICOT, brodeur.

PLASSAN, imprimeur-libraire, *plusieurs exemplaires.*

PROTAIN, architecte.

RENOUARD (Aug.), libraire, *plusieurs exemplaires.*

RENOUARD jeune, fabricant, *plusieurs exemplaires.*

RISS et SAUCET, libraires à Moscou, *plusieurs exemplaires.*

SAINT-ÉTIENNE (Madame), commissionnaire en librairie, *plusieurs exemplaires.*

SAVOYE, libraire.

SEPULVEDA, graveur espagnol.

TILLIARD, frères, libraires, *plusieurs exemplaires.*

TOCHON, amateur.

TREUTTEL et WURTZ, libraires, *grand nombre d'exemplaires.*

VILLERS, architecte.

Il ne reste plus que peu d'exemplaires de cet ouvrage, les Libraires ci-dessus désignés en ayant placé un grand nombre chez l'étranger.

Nota. Les Souscripteurs de MM. les Libraires ne m'étant pas connus, leurs noms ne peuvent se trouver dans cette liste.

DE L'IMPRIMERIE DE PLASSAN, IMPRIMEUR DE LA GRANDE-CHANCELLERIE DE LA LÉGION D'HONNEUR.

Pl. 2.

Femmes Grecques, pinçant de la Lyre.
Willemin Del. & Sculp.

Pl. 3.

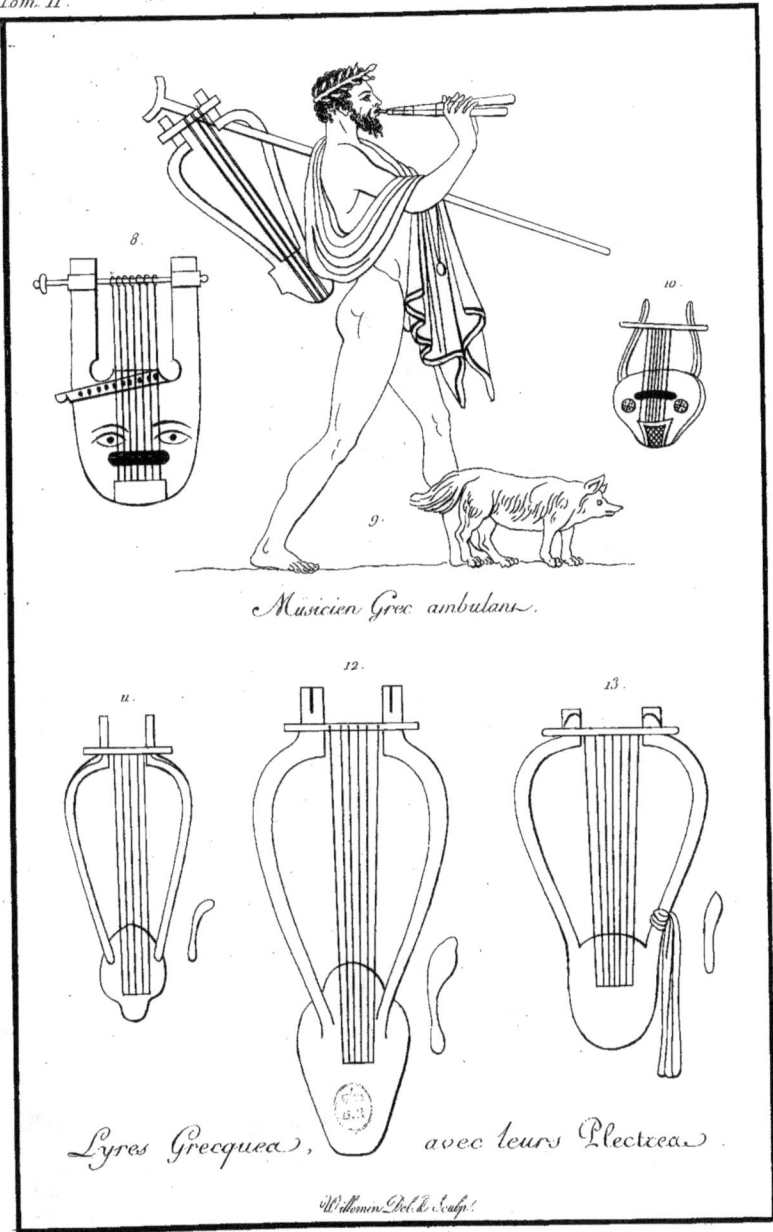

8.

10.

9.

Musicien Grec ambulant.

12.

11.

13.

Lyres Grecques, *avec leurs Plectres.*

Willemin Del. & Sculp.

Pl. 4.

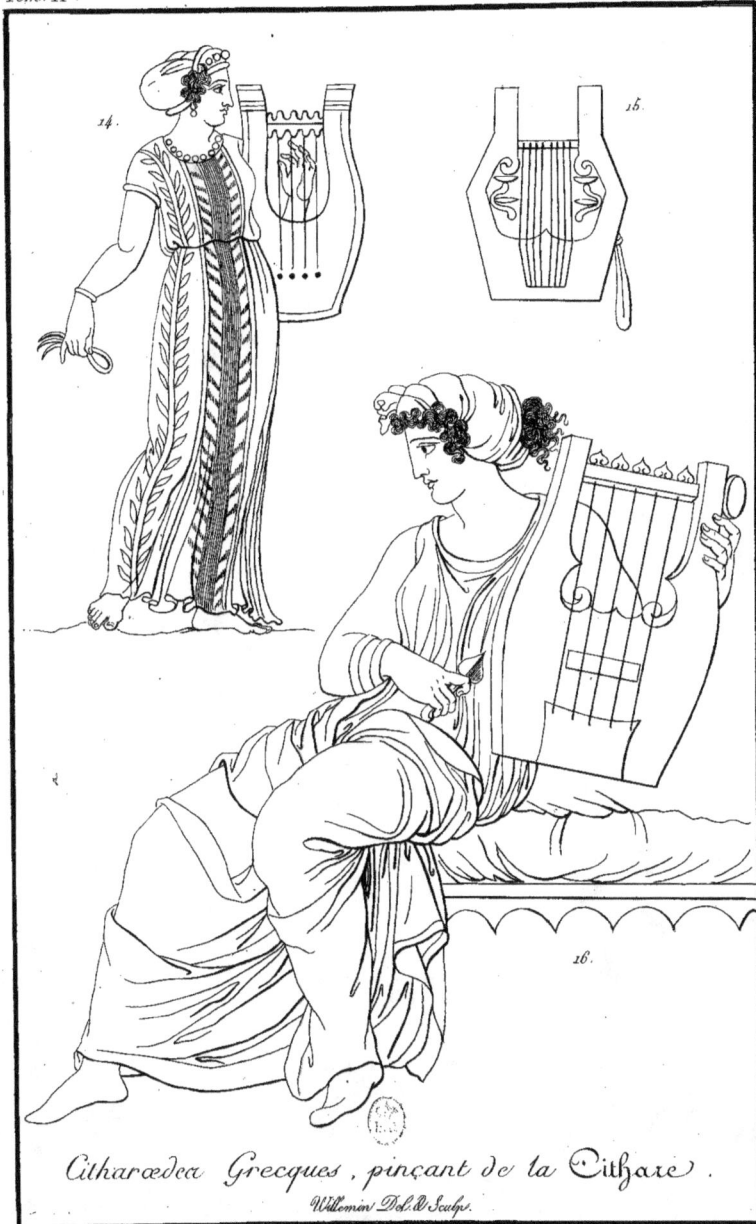

Citharædea Grecques, pinçant de la Cithare.

Willemin Del. & Sculp.

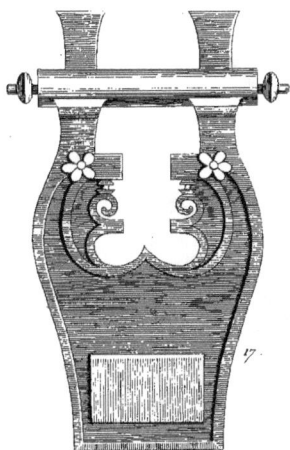

17

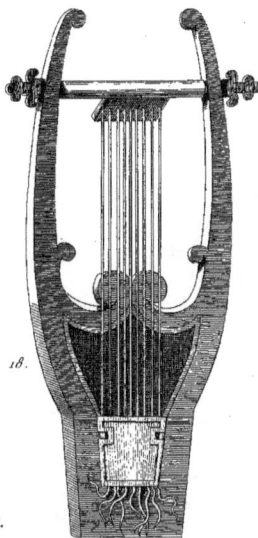

18

Citharea.

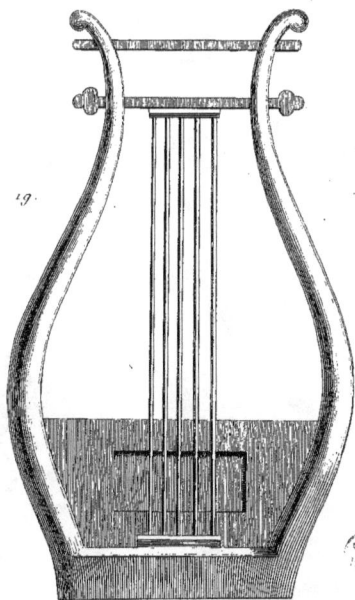

19

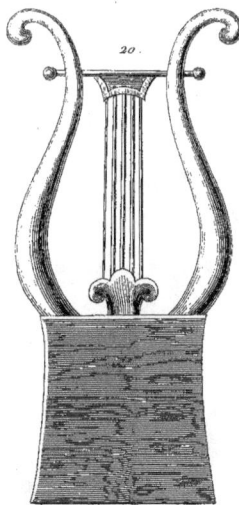

20

Willemin Del. & Sculp.

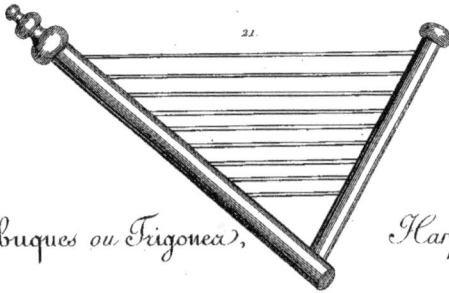

Sambuques ou Trigones,   *Harpes Grecques.*

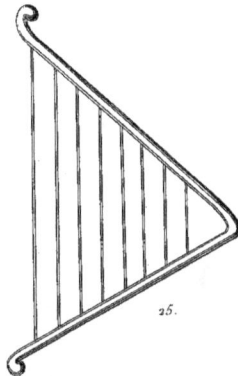

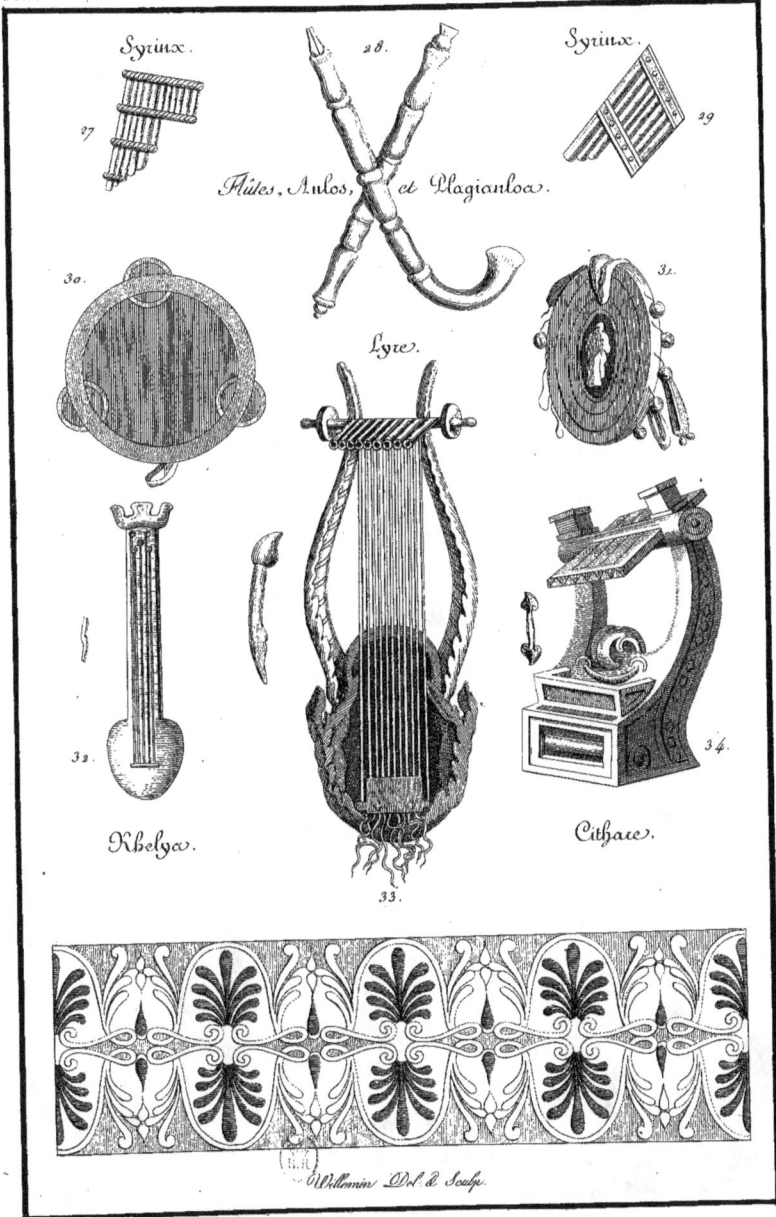

Syrinx.

28.

Syrinx.

27.

29.

Flûtes, Aulos, et Plagianloa.

30.

31.

Lyre.

32.

34.

Kbelya.

Cithare.

33.

Willemin Del. & Sculp.

Pl. 8.

Rhytona.

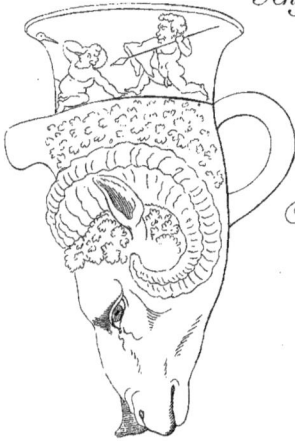

35.

36.

37.

Repas Grec.

Willemin. Del. & Sculp.

38.

Anses de vases en argent, inédites et trouvées à
Herculanum.

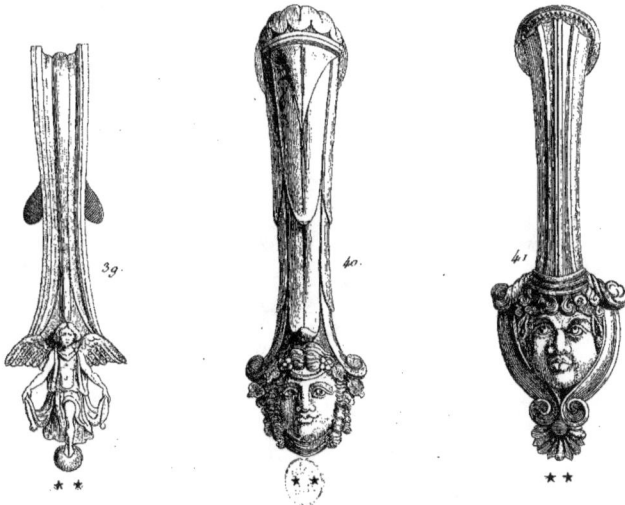

39.   40.   41.

Willemin Del. & Sculp.

Pl. 10.

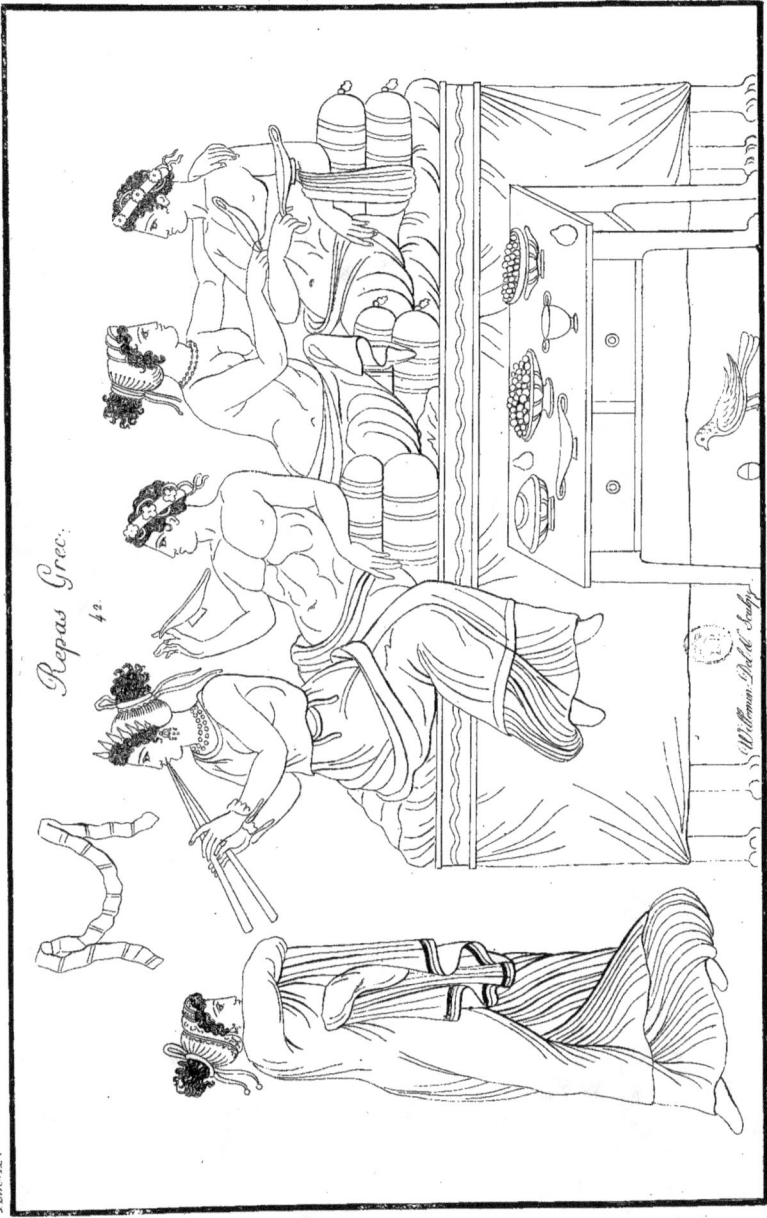

Repas Grec.

42.

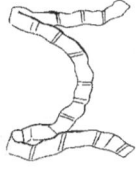

Willemin Del. W. Sculp.

Anses de vases en argent, inédites et trouvées à Herculanum.

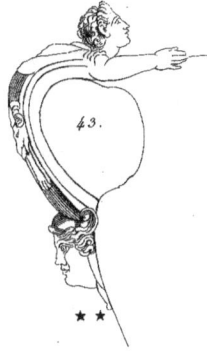

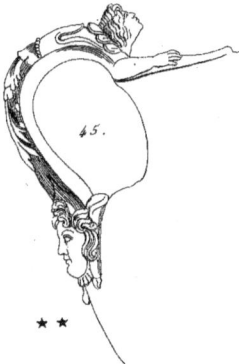

43.

43.

44.

45.

45.

Willemin Del. & Sculp.

Pl. 12.

Repas Grec.

46.

Lampes Grecques

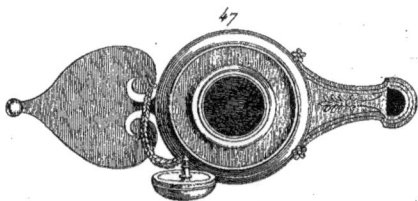

47

48

49

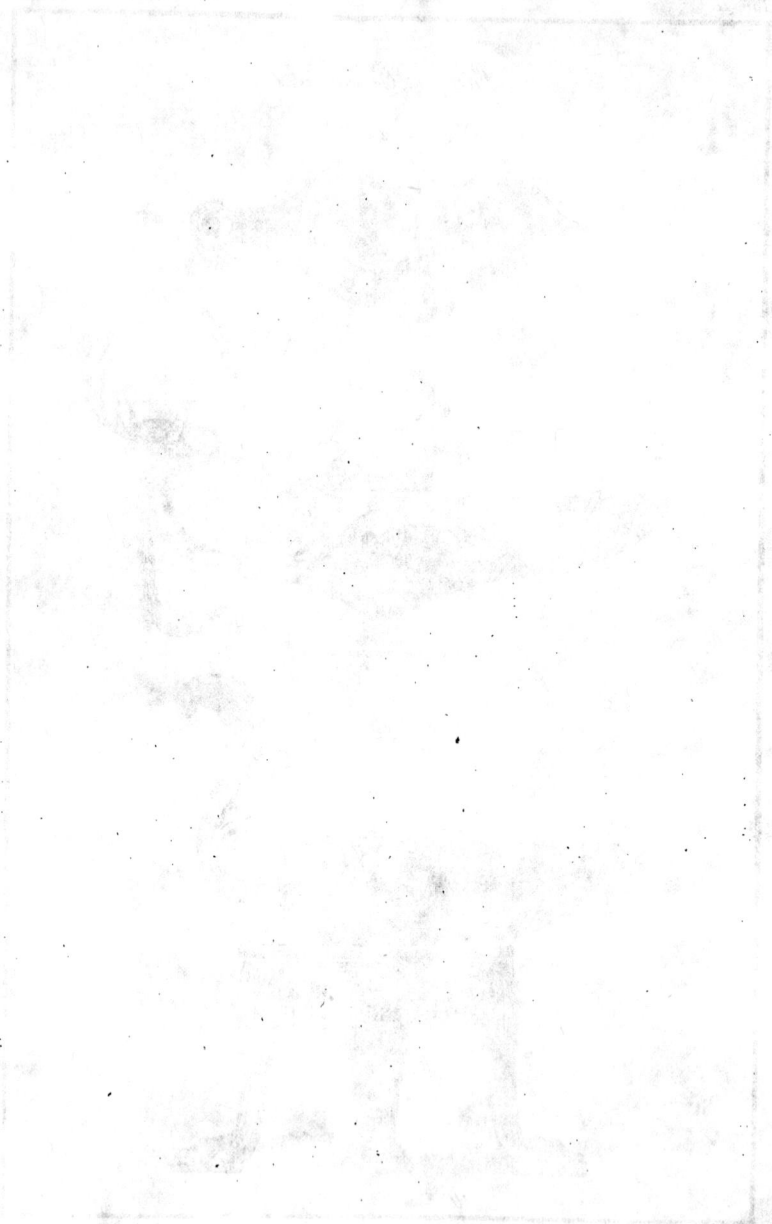

Pl. 14.

Divers Ustensiles de table, des Grecs.

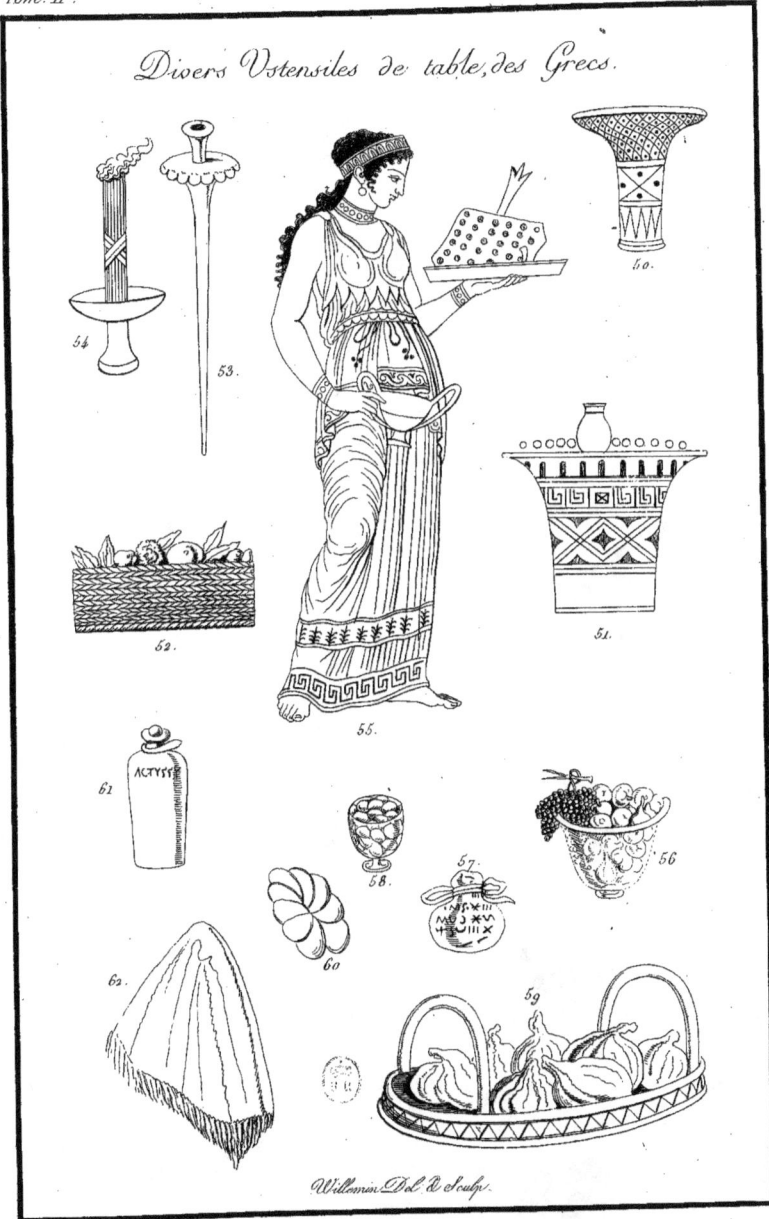

54

53

50

52

51

55.

61

58

57

56

60

62

59

Willemin Del. & Sculp.

Pl. 15.

Anses de Vases inédites, trouvées à Herculanum.

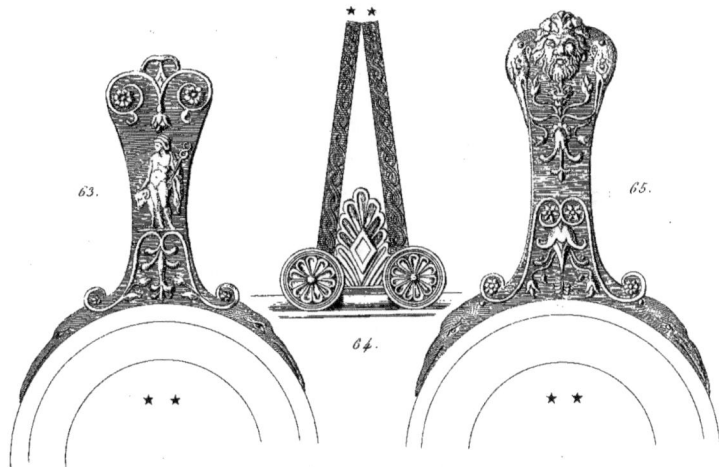

63.

65.

64.

Lame d'argent.

66.

67.

68.

Willemin. Del. & Sculp.

Première Classe des vases a boire des Grecs.

Rhytona.

Karkhésiona

Seconde Classe.

Wellmin Del. & Sculp.

Lampe et Trépieds Grecs.

78.

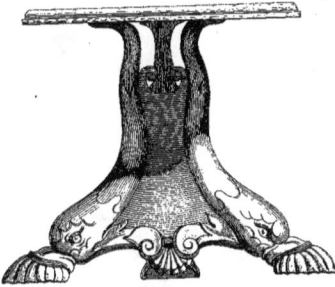

79.

80.

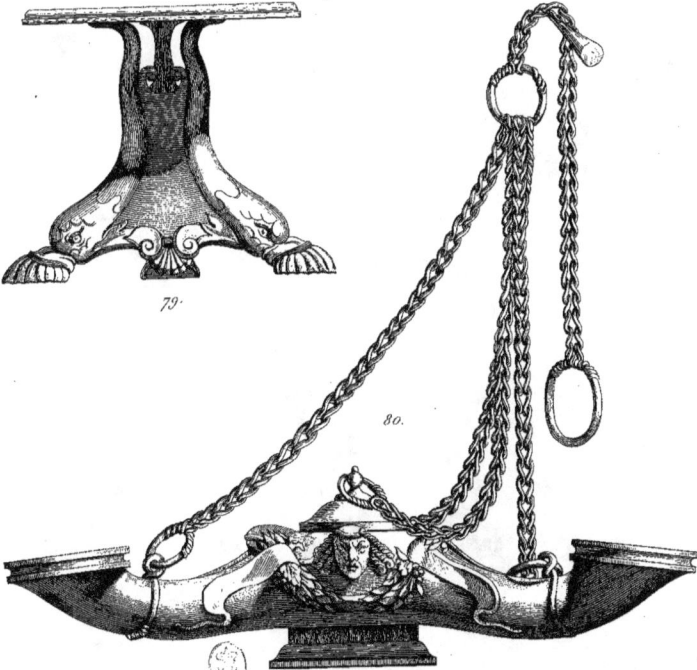

Willemin Del. & Sculp.

Pl. 18.

Keraa, Phialé, Kratanion, Kyathia,
Kylix, 81 Hydria.

82.

83.

84.

Vases à boire des Grecs, Troisième et Quatrième Classe.

85. 86. 87. 88.

Willemin Del. & Sculp.

Pl. 19.

Candélabre Grec, inédit et trouvé à Herculanum.

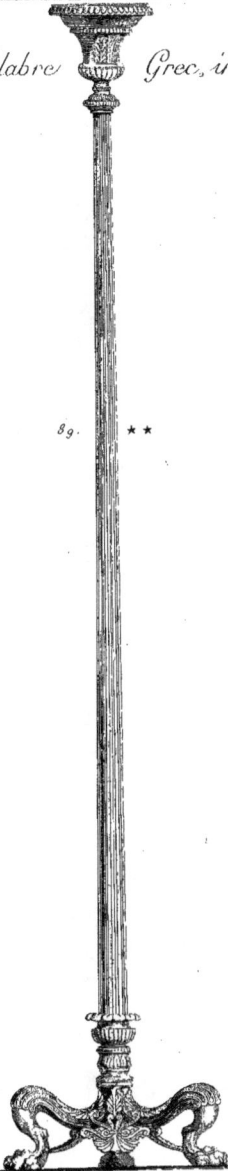

89. ★ ★

90.

Willemin Sculp.

Ornemens et Vases à boire des Grecs.

91.

★ ★

Kypellon.   Kylix.

92.   93.

Skyphos.
Béotien.

Aryballos.   Kantharos.

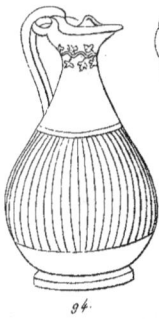      

94.   95.   96.

97.

Willemin Del. & Sculp.

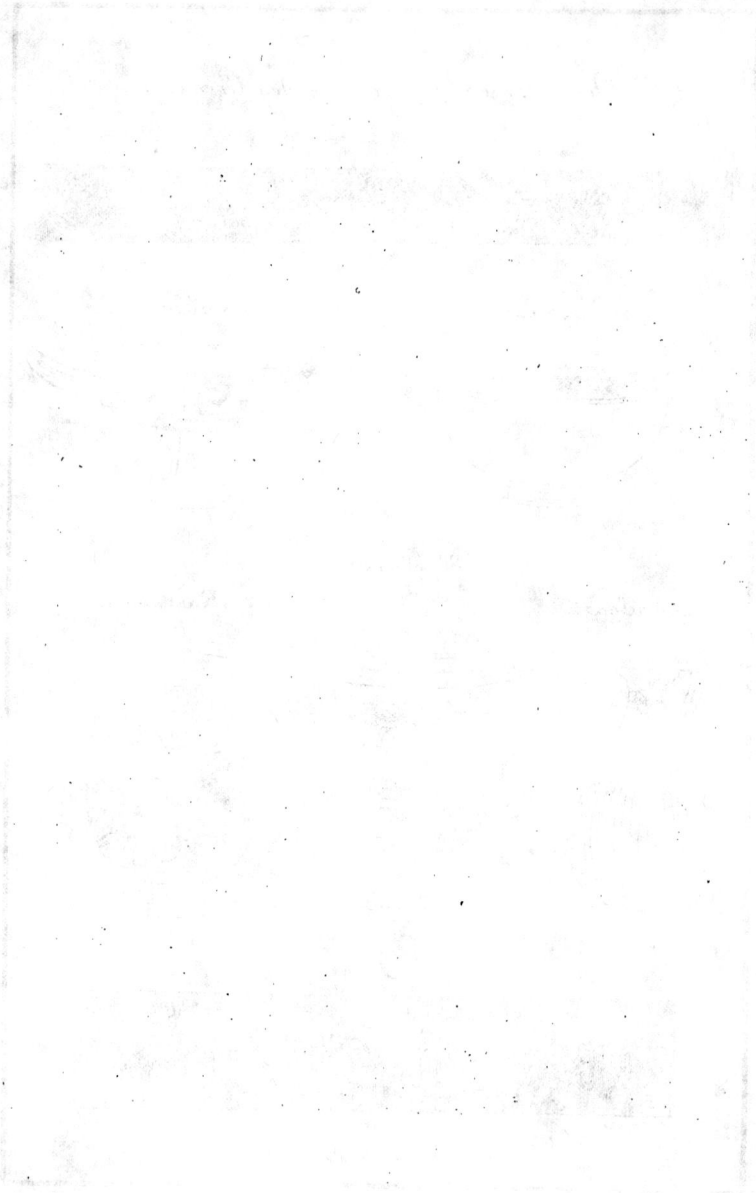

Pl. 21.

Mosaïques et Vases a boire des Grecs.

97.

Baukalia.

Kotyloa.

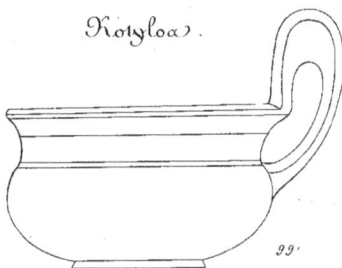

98.

99.

Kissybion.

Therikleioa.

100.

102.

103.

Willemin Del. & Sculp.

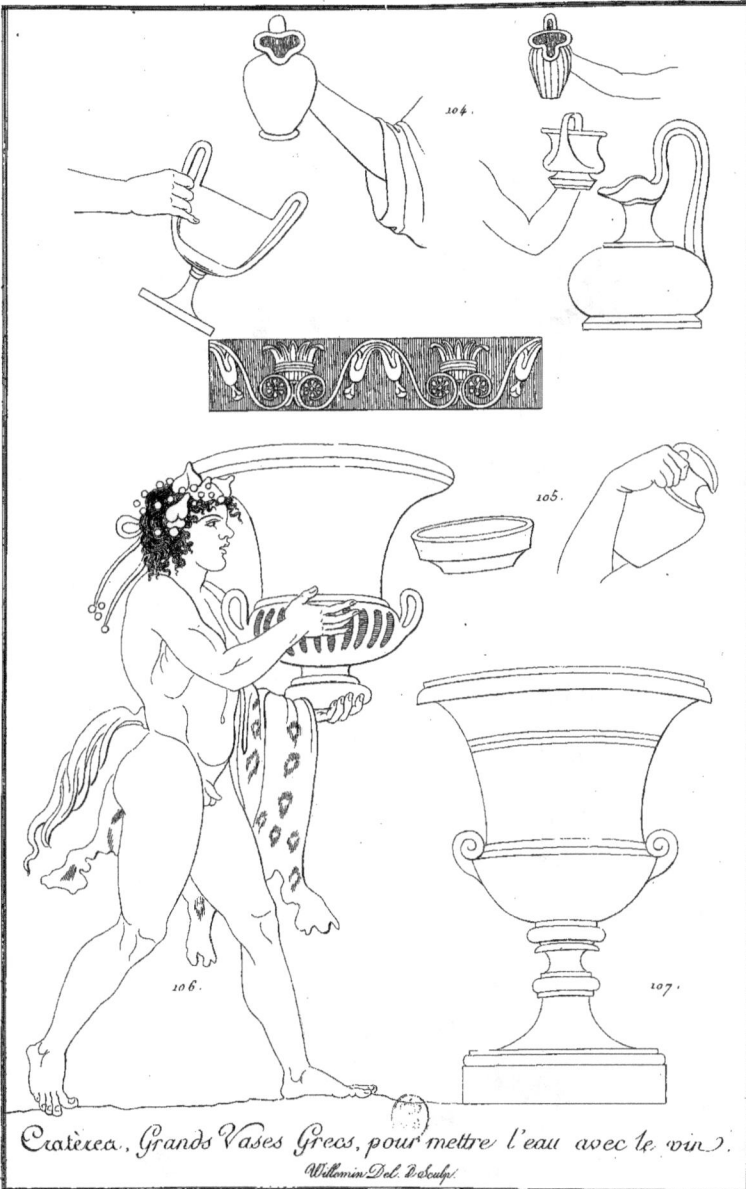

104.

105.

106.

107.

Cratères, Grands Vases Grecs, pour mettre l'eau avec le vin.

Willemin Del. & Sculp.

Sièges et Oreillera des Grecs.

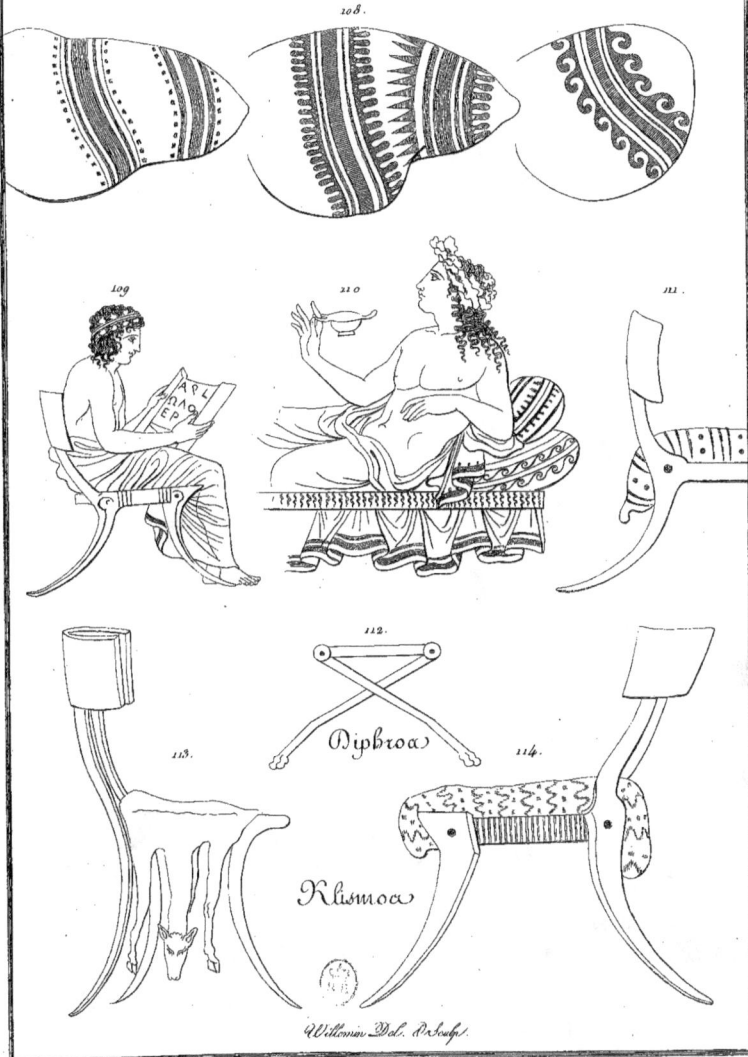

108.

109.   110.   111.

112.

Diphroa

113.   114.

Klismoa

Tablettes, Encriers, Styles, Plumes, et Volumes des Grecs.

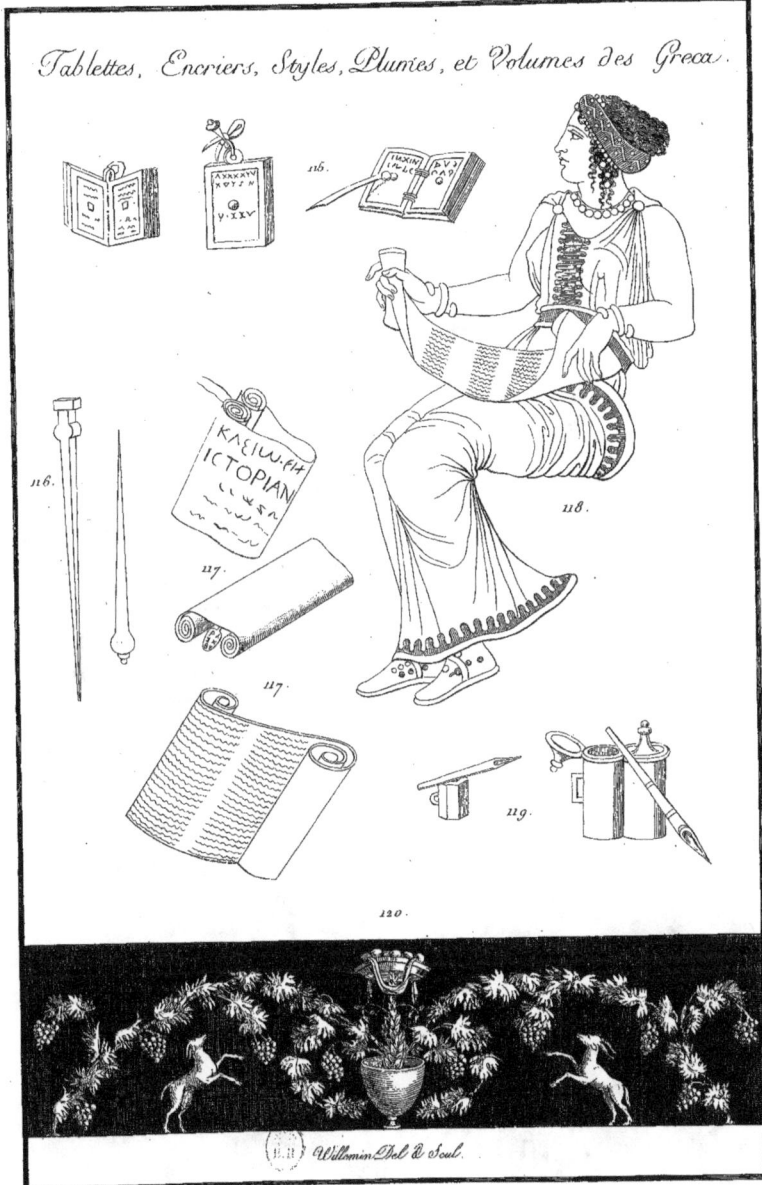

116.

116.

117.

117.

118.

119.

120.

Coupes et Cuillers Grecques en argent, inédites et trouvées à Herculanum.

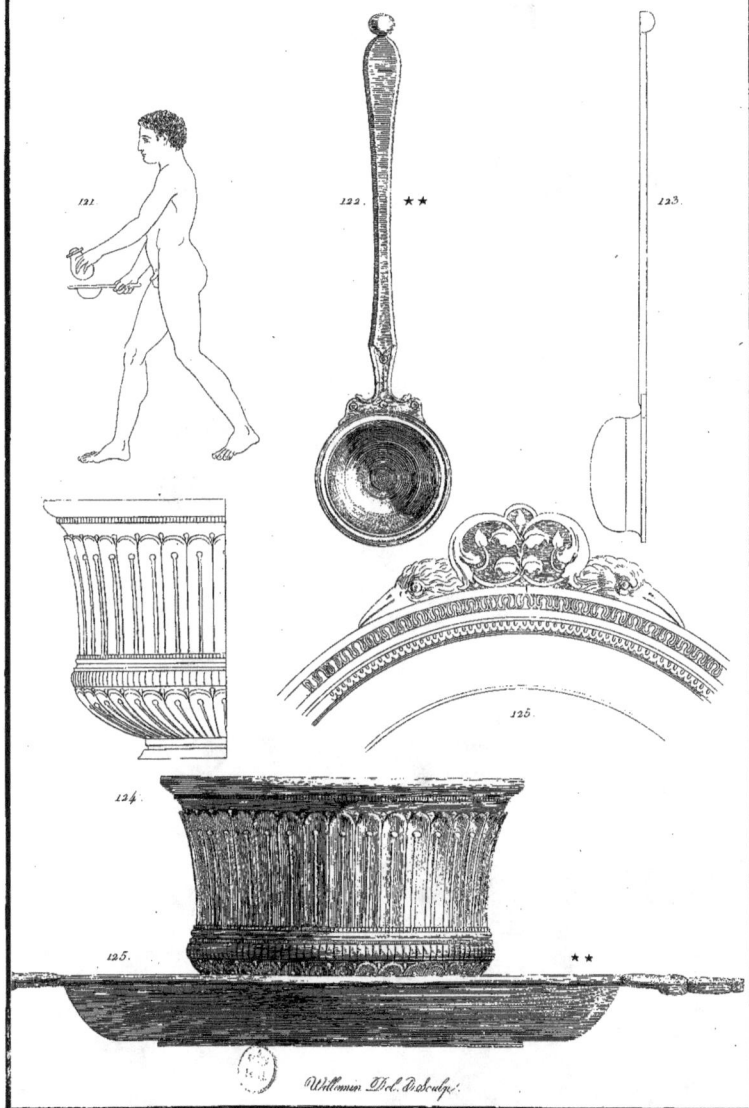

121.

122.   ★ ★

123.

124.

125.

125.   ★ ★

Wilhmin Del. Delaulge.

126.

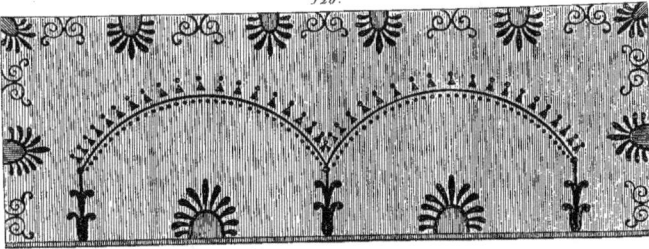

127.

Willemin Del. & Sculp.

Vases à boire, Grecs et inédits et trouvés à Herculanum

Skyphos

128.

★ ★

129.

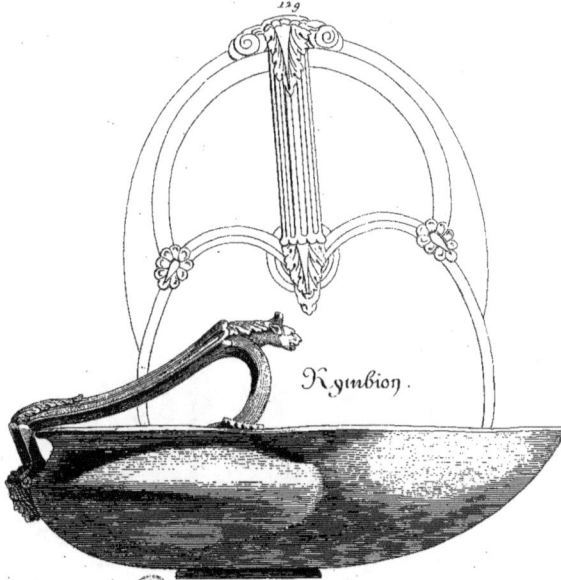

Kymbion.

★ ★

Willemin Del. & Sculp.

130.

132.

Willemin Del. & Sculp.

132.

133.

134.

135.

136.

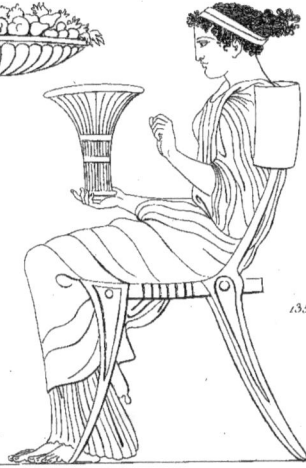

Wilhemin Del & Sculp.

137.

Willemin Del. & Sculp.

Pl. 31.

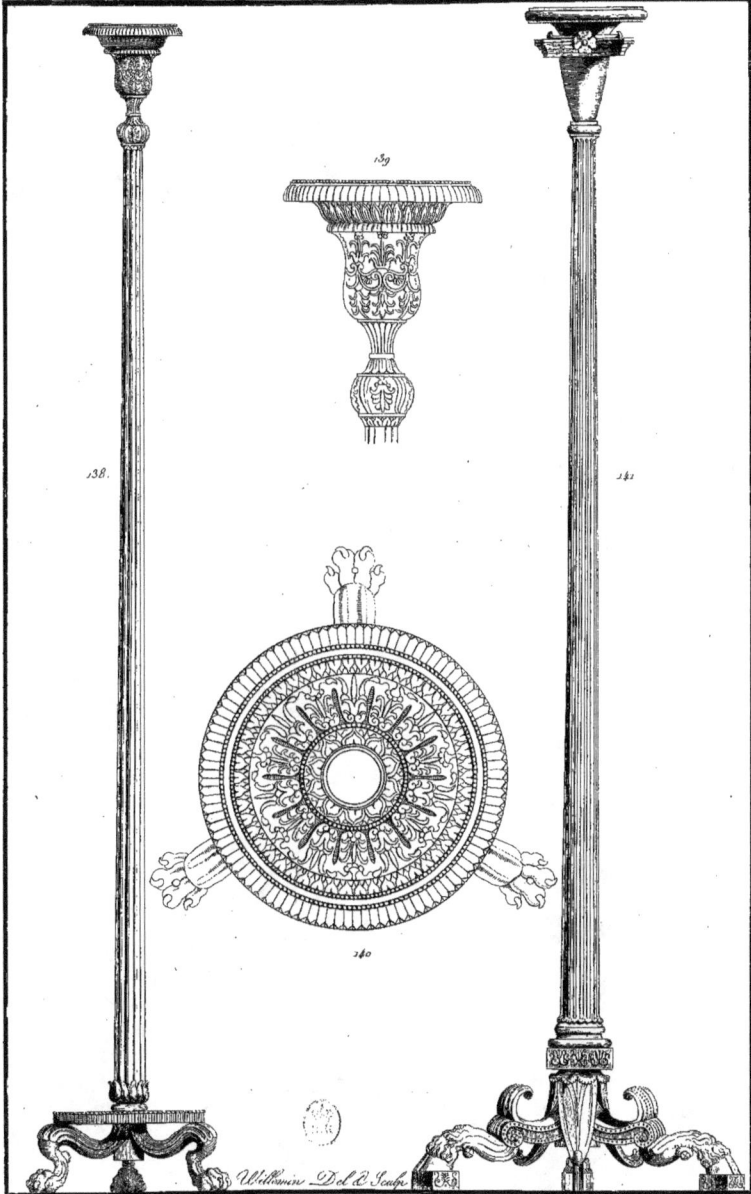

Wellman. Del. E. Sculp.

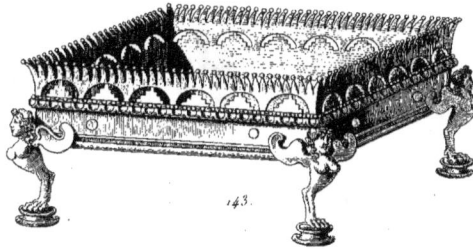

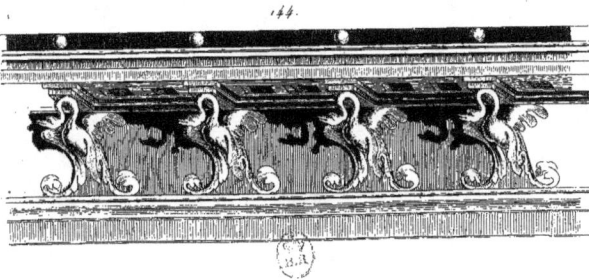

142.

143.

144.

Willemin Del. & Sculp.

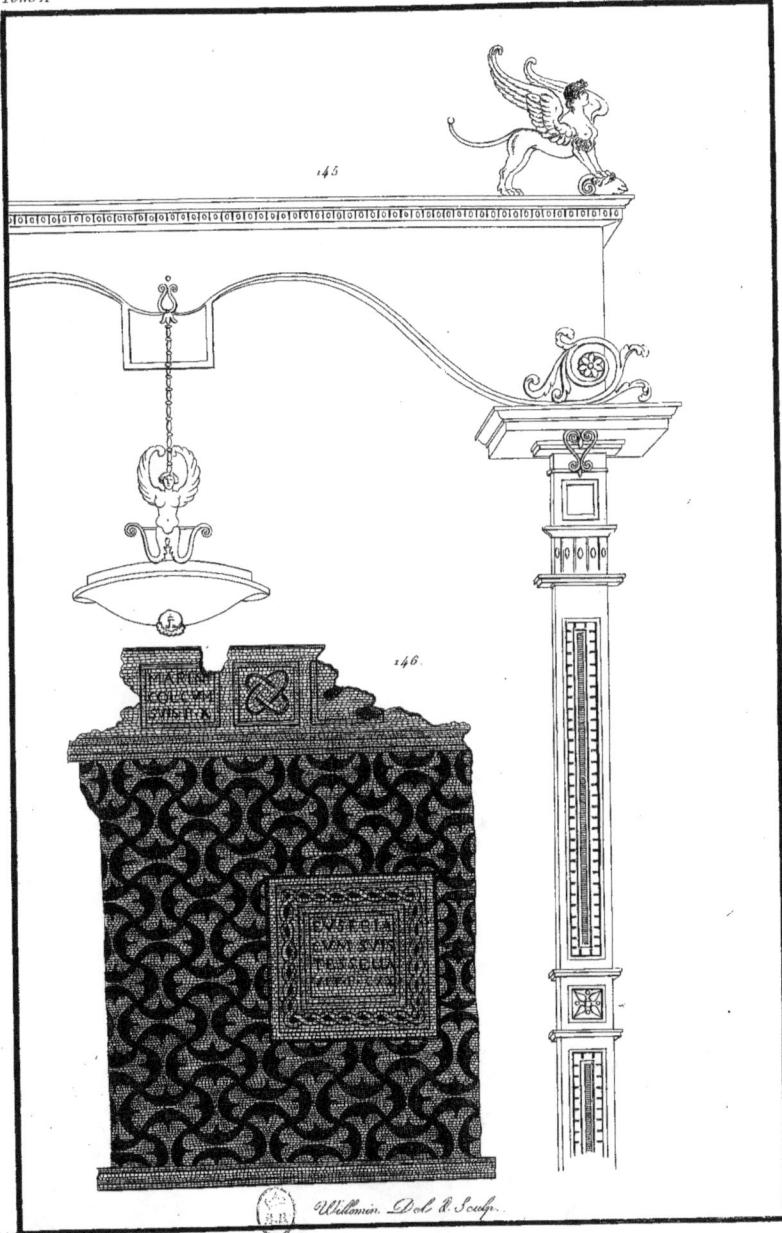

147.

Willemin Del & Sculp

Pl. 35.

147.

Willemin. Del. & Sculp.

Pl. 36.

148.

Willemin Del. & Sculp.

Aiguiere d'Argent, inédite et trouvée à Herculanum.

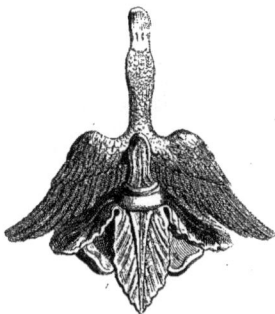

★★

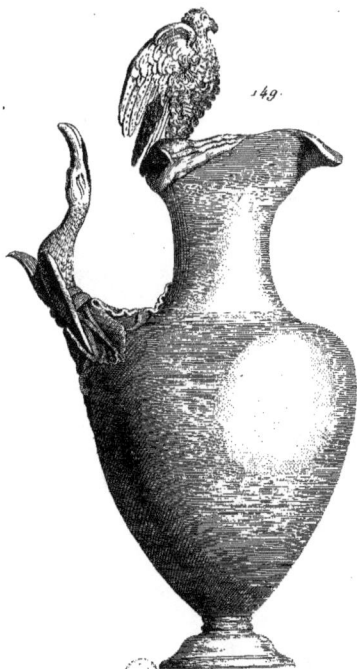

149.

Willemin Del. & Sculp.

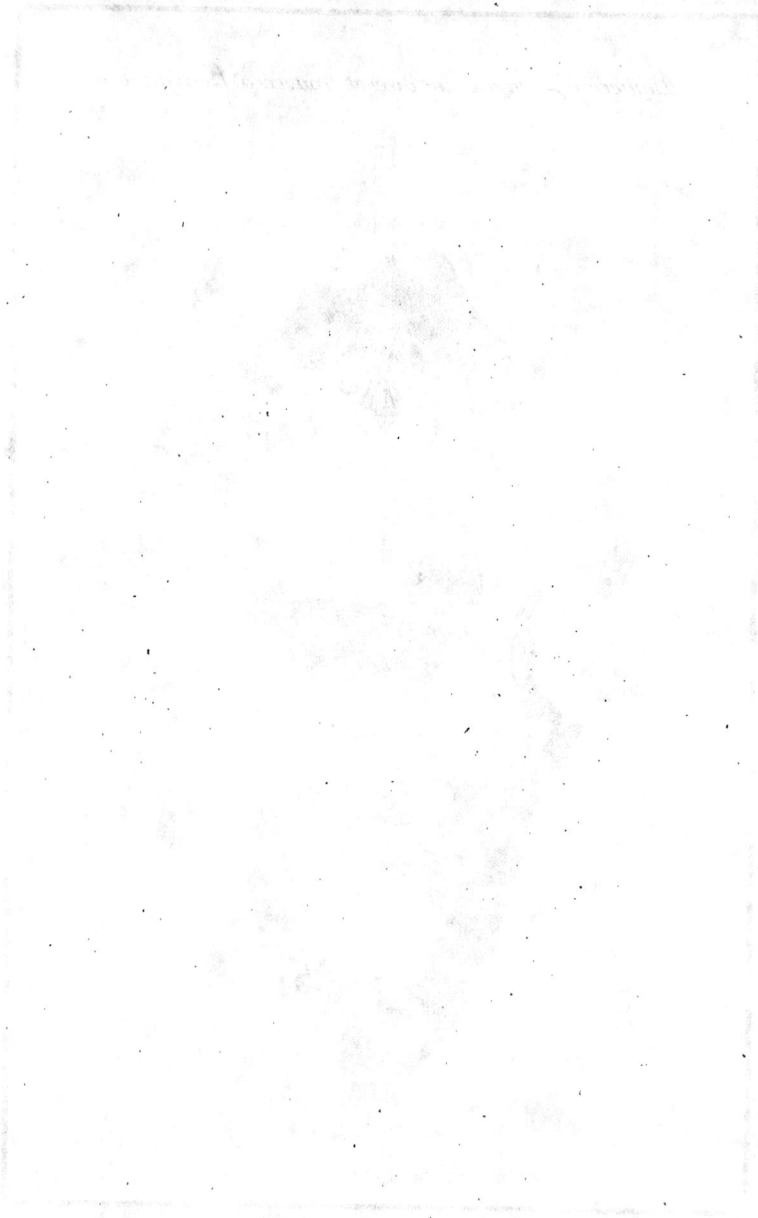

Pièces d'Orfevreries en Argent, inédites et trouvées à Herculanum.

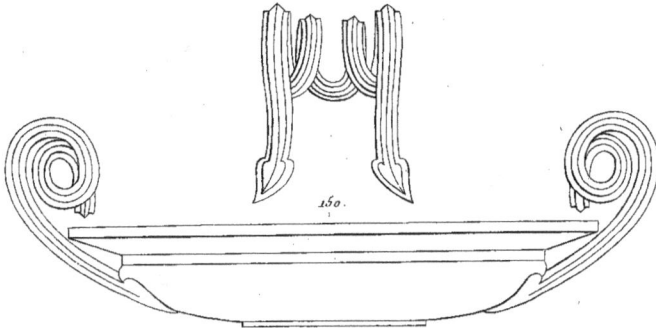

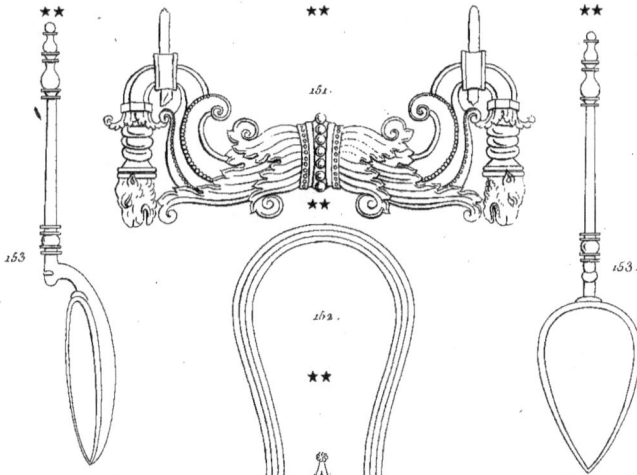

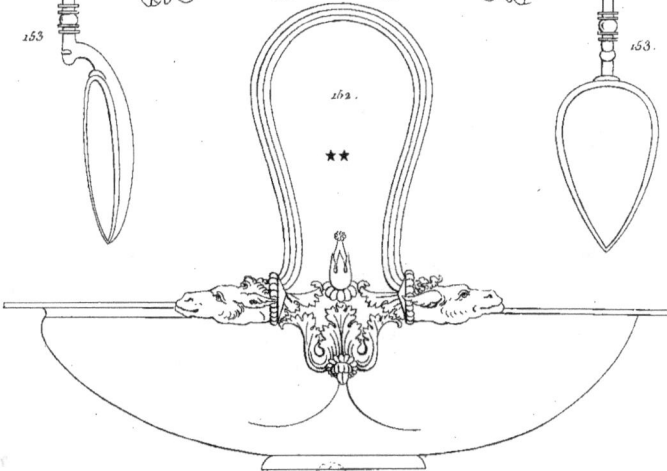

150.

151.

153.   152.   153.

Willemin Del. & Sculp.

Patère de Métal blanc, inédite et trouvée à Herculanum.

153.

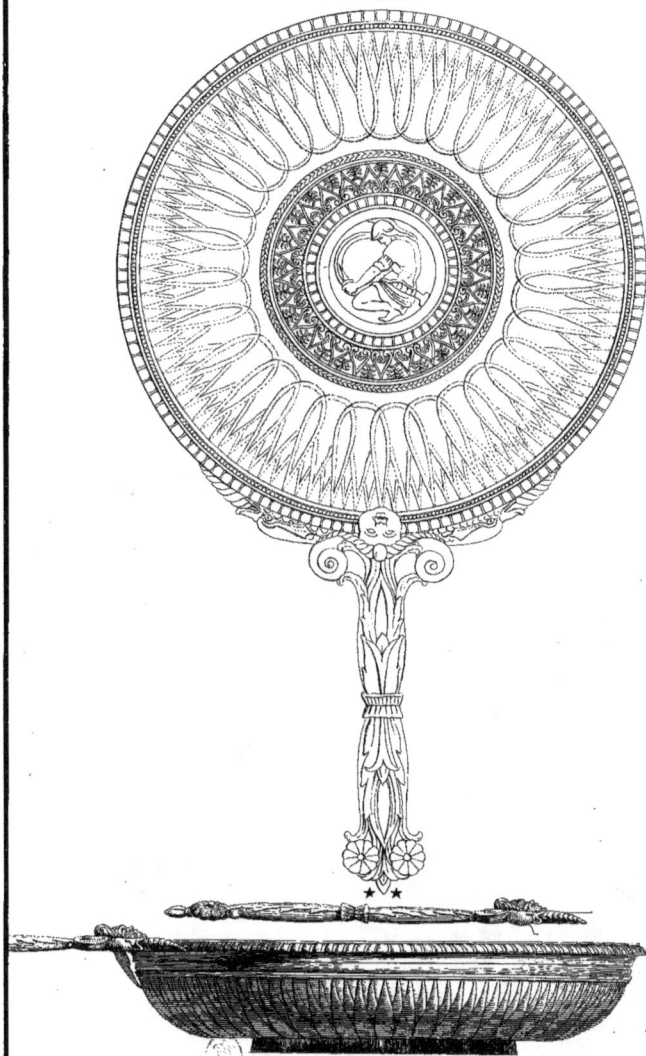

Willemin. Del. & Sculp.

Pl. 40.

Petits Meubles inédits et trouvés à Herculanum.

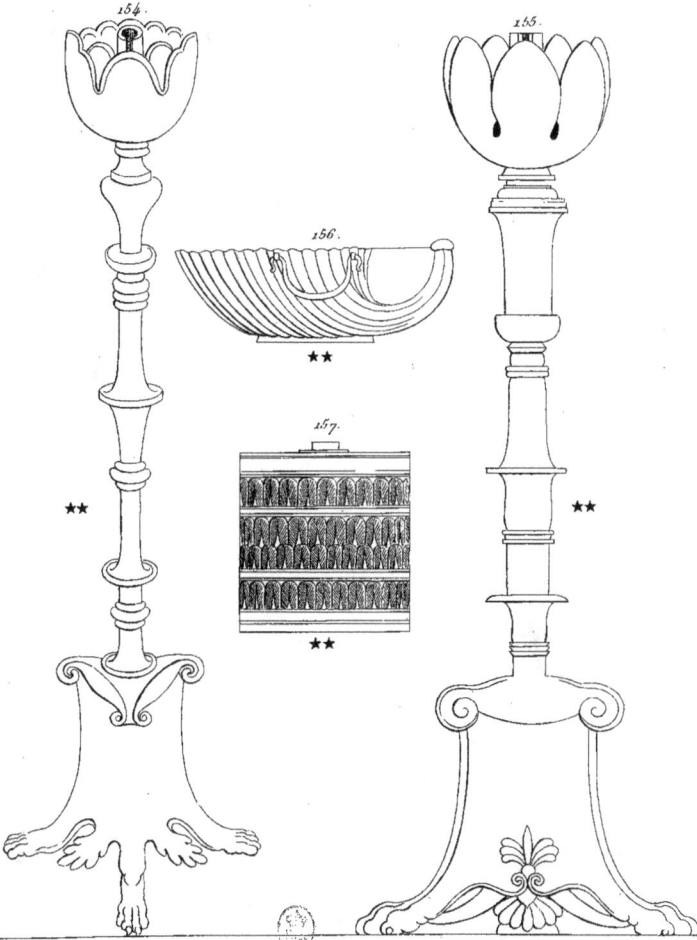

154.

155.

156.

★★

157.

★★

★★

★★

158.

Trônes Grecs

159.

Willemin Del. & Sculp.

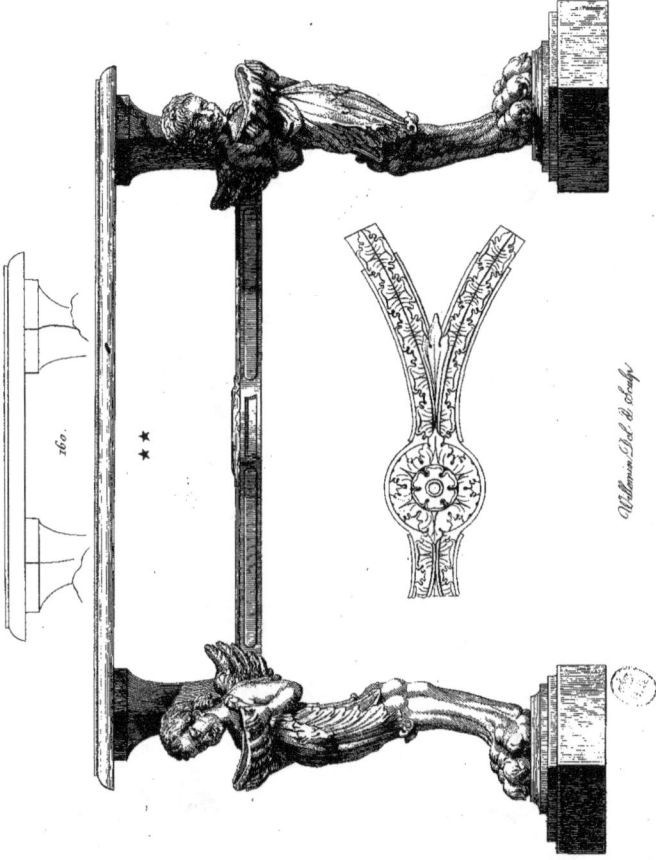

Pl. 42.

Table de Marbre, inédite et trouvée à Herculanum.

160.

Willemin Del. et Sculp.

Pl. 43.

Vase d'Argent, trouvé à Herculanum.

161.

Willemin Del. E. Sculp.

Pl. 44.

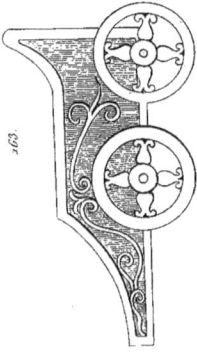

163.

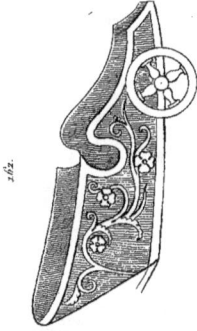

162.

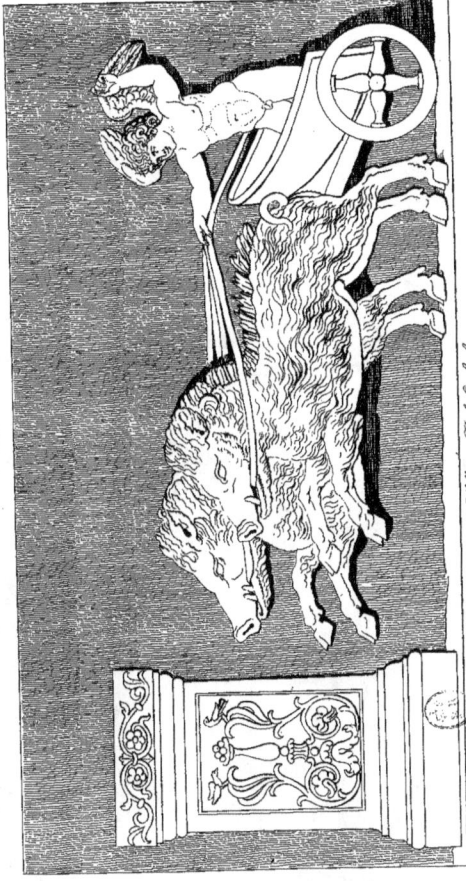

164.

Willemin Del. E Sculp.

Pl. 45.

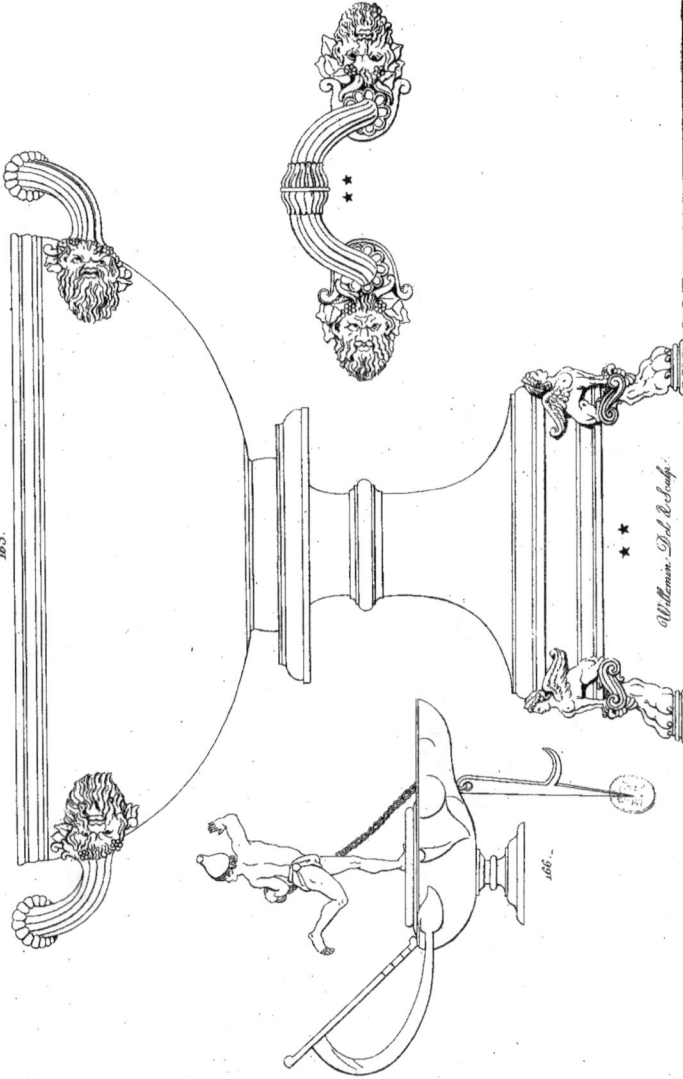

Coupe d'Argent inédite et trouvée à Herculanum.

163.

164.

Willemin Del. R. Sculp.

167.

168.

Pl. 47.

169.

170.

Wideman Del. & Sculp.

Pl. 48.

171.

172.

Bague.

173.

POMPHINICA

174.

Pl. 50.

Cuvette trouvée à Herculanum

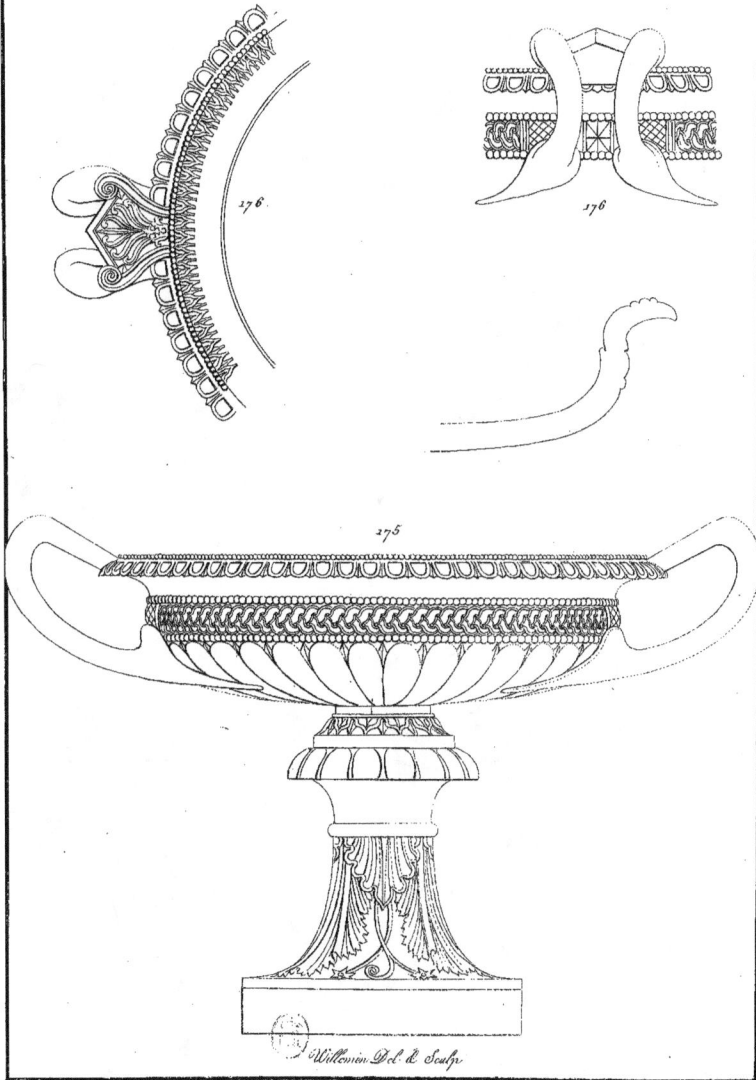

176.

176.

175.

Willemin Del. & Sculp.

·77·

178.

Willemin Del. & Sculp.

Pl. 53.

119.

W. Tischbein Del. & Sculp.

Pl. 54.

180.

Willemin del V. Gaucp.

181.

182.

ΚΑΡΠΟΥ

Willemin Del. & Sculp.

Vase de marbre, inédit et trouvé à Herculanum

183

★★

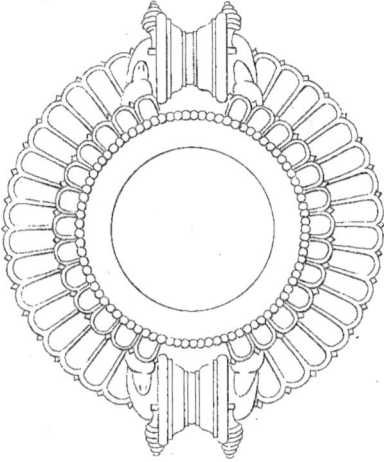

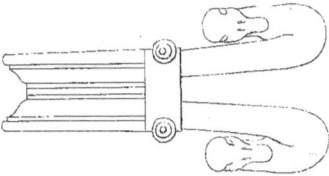

184.

185.

Willemin Del. & Sculp.

186.

Pl. 59.

Trépied en bronze inédit et trouvé à Herculanum.

188.
★ ★

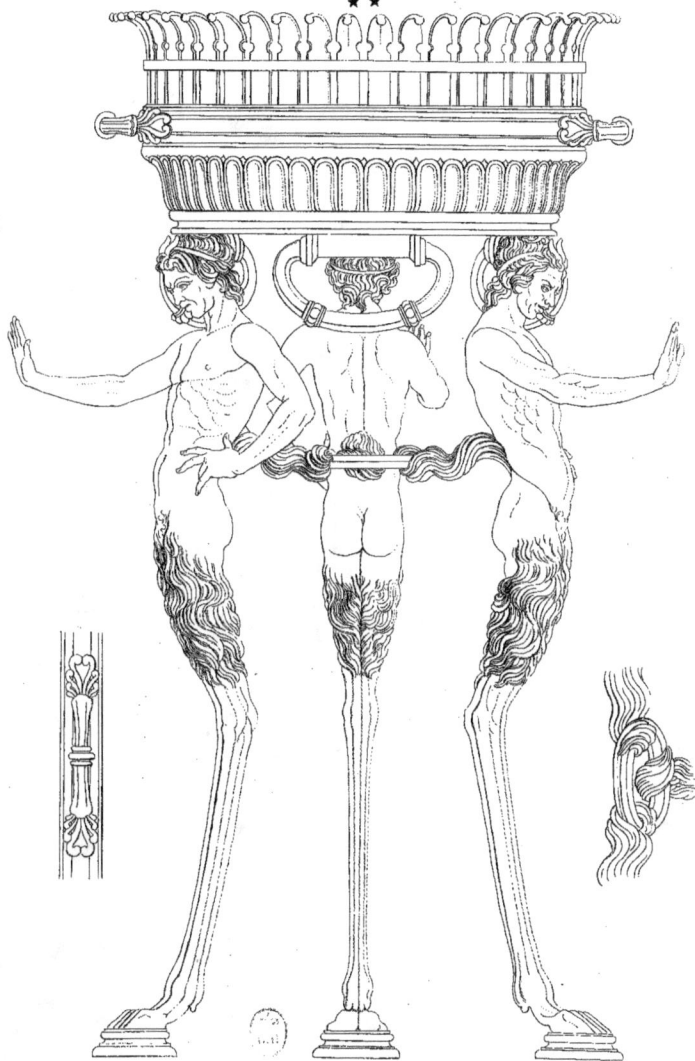

Willemin Del. & Sculp.

189.

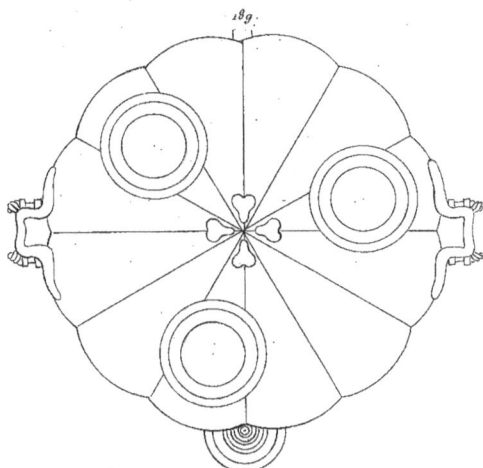

Lampe de nuit en bronze, inédite et trouvée à Herculanum.

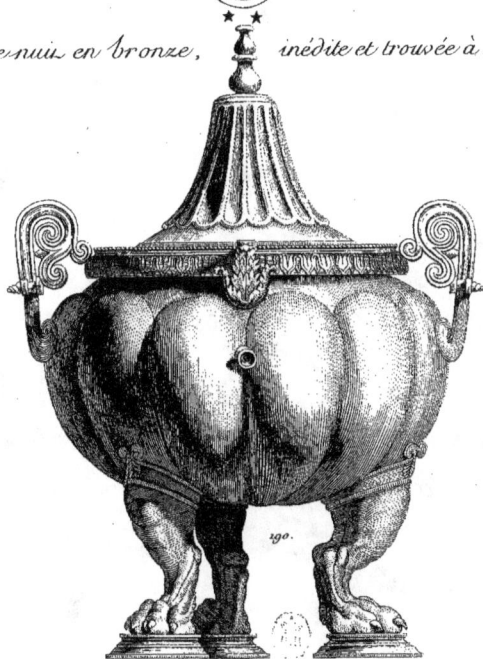

190.

Willemin Del. et Sculp.

191.

★ ★

Détails de la Lampe précédente.

Willemin Del. & Sculp.

Pl. 63.

 Pl. 64.

193

Willemin Del. & Sculp.

194

195

196.

Pl. 67.

Balance de Bronze, inédite et trouvée à Herculanum.

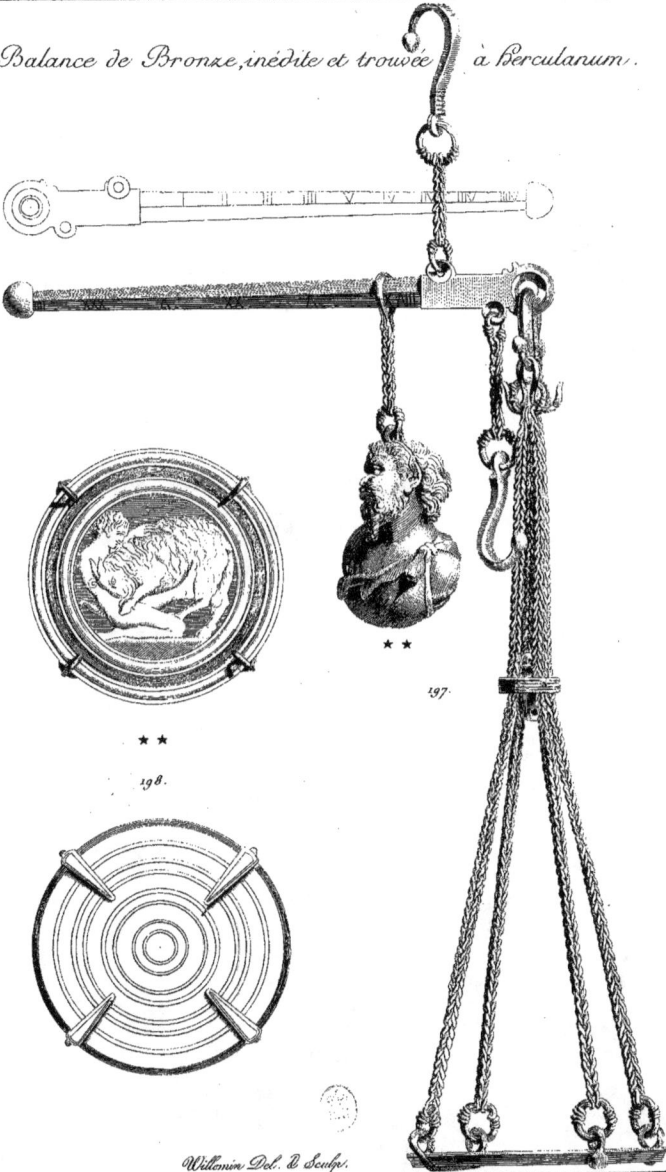

197.

198.

Willemin Del. & Sculp.

Addition aux Costumes des Femmes Grecques.

ΑΓΛΑΙΗ   ΦΟΙΒΗ   ΙΛΕΑΙΡΑ

199.

200.   201.   200.

202.   203.

Willemin Del. & Sculp.

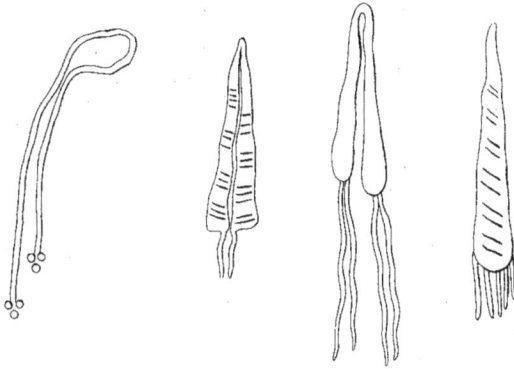

204

Willemin Del. & Sculp.

Pl. 70.

205.

206.

Willemin Del. & Sculp.

Addition aux Costumes des Grecs

Autre forme de la Chlaene.

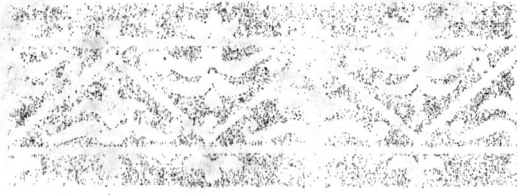

212

Willemin Del. & Sculp.

Aryballos.

Khartophylacion.

213.

215.

214.

216.

217.

217.

218.

Willemin Del. & Sculp.

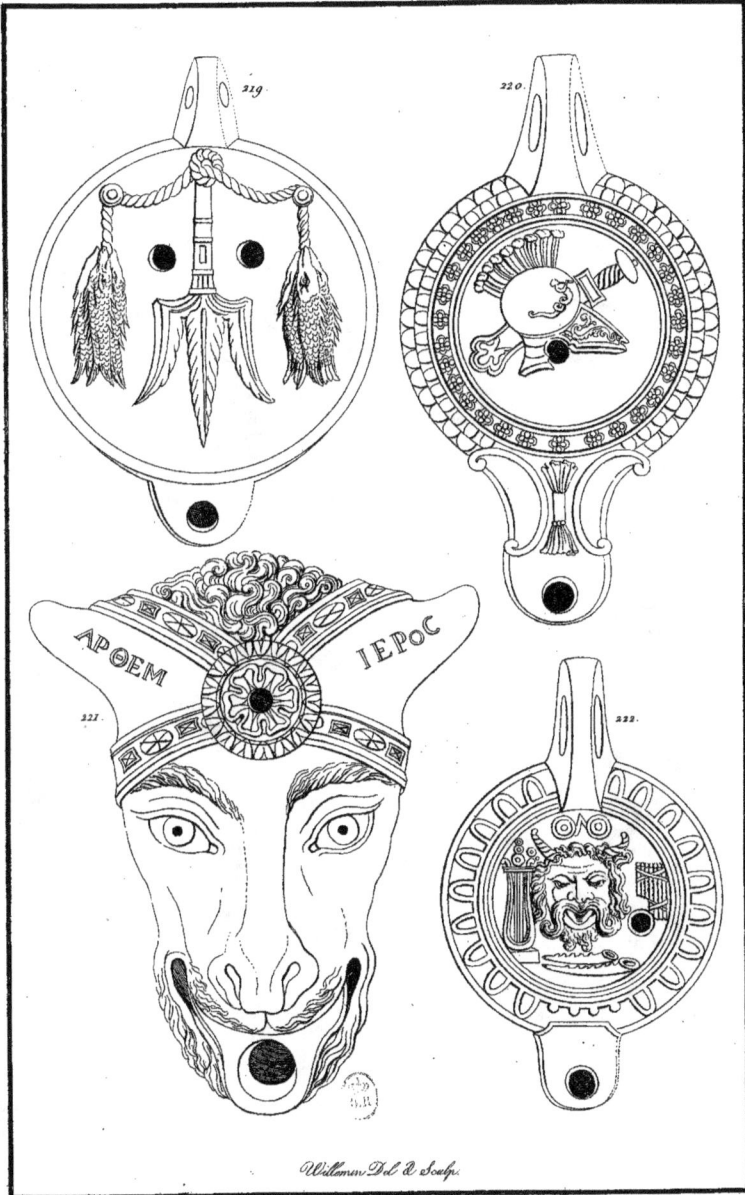

Pl. 75.

Babillemens Grecs Ioniens.

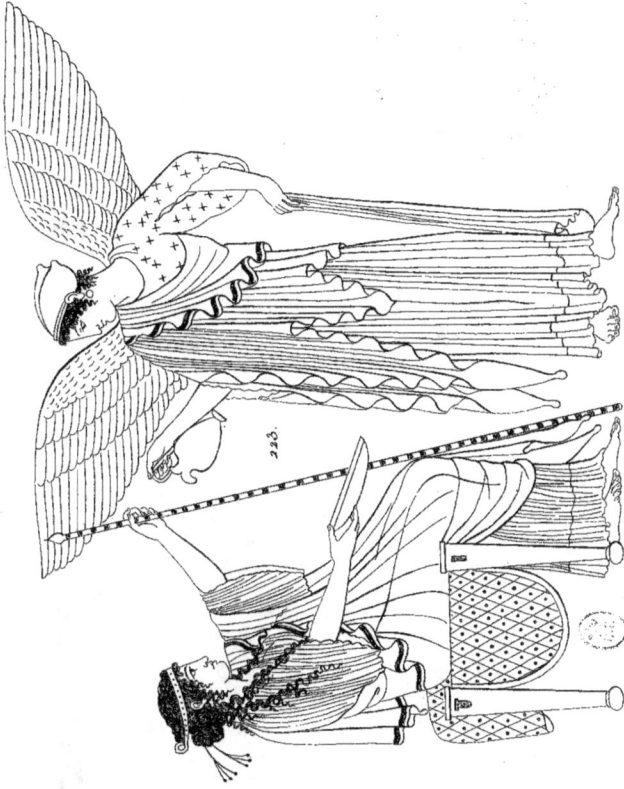

225.

Wilmart Del. & Sculp.

Pl. 76.

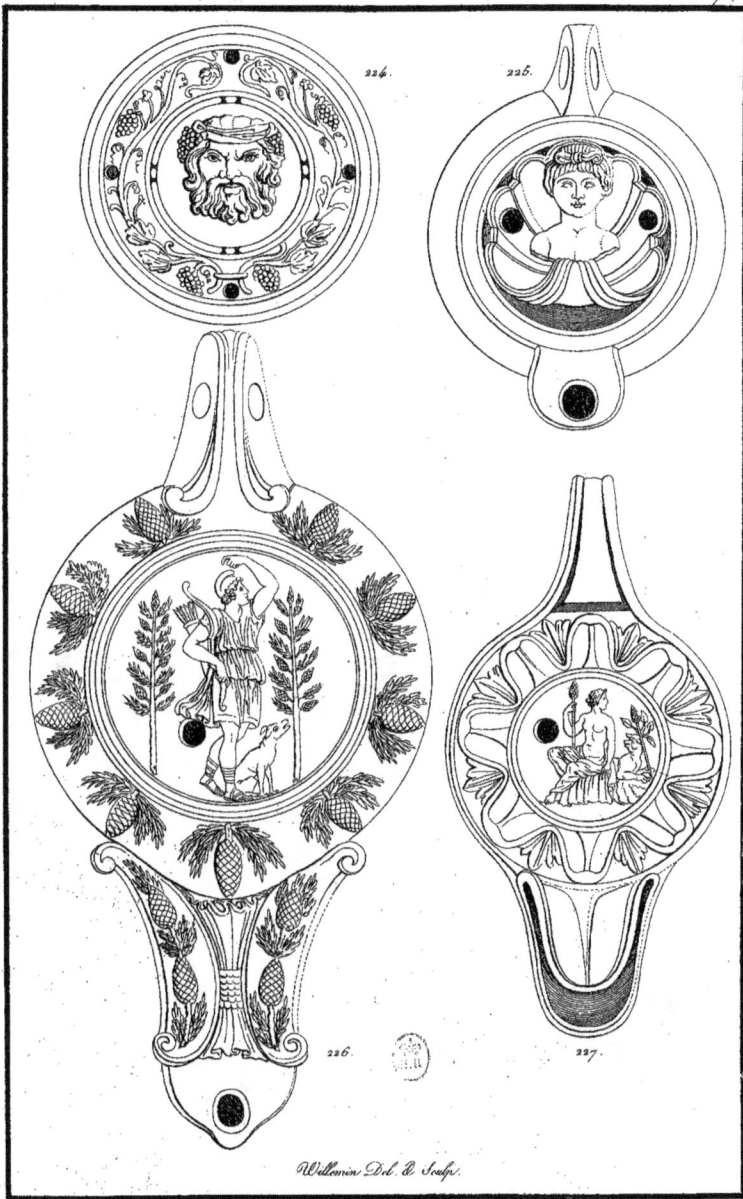

224.

225.

226.

227.

Willemin Del. & Sculp.

Pl. 77.

218.

Pl. 78.

229.

230.

231.

232.

233.

234.

235.

236.

237.

238.

Willemin Del & Sculp.

Pl. 79.

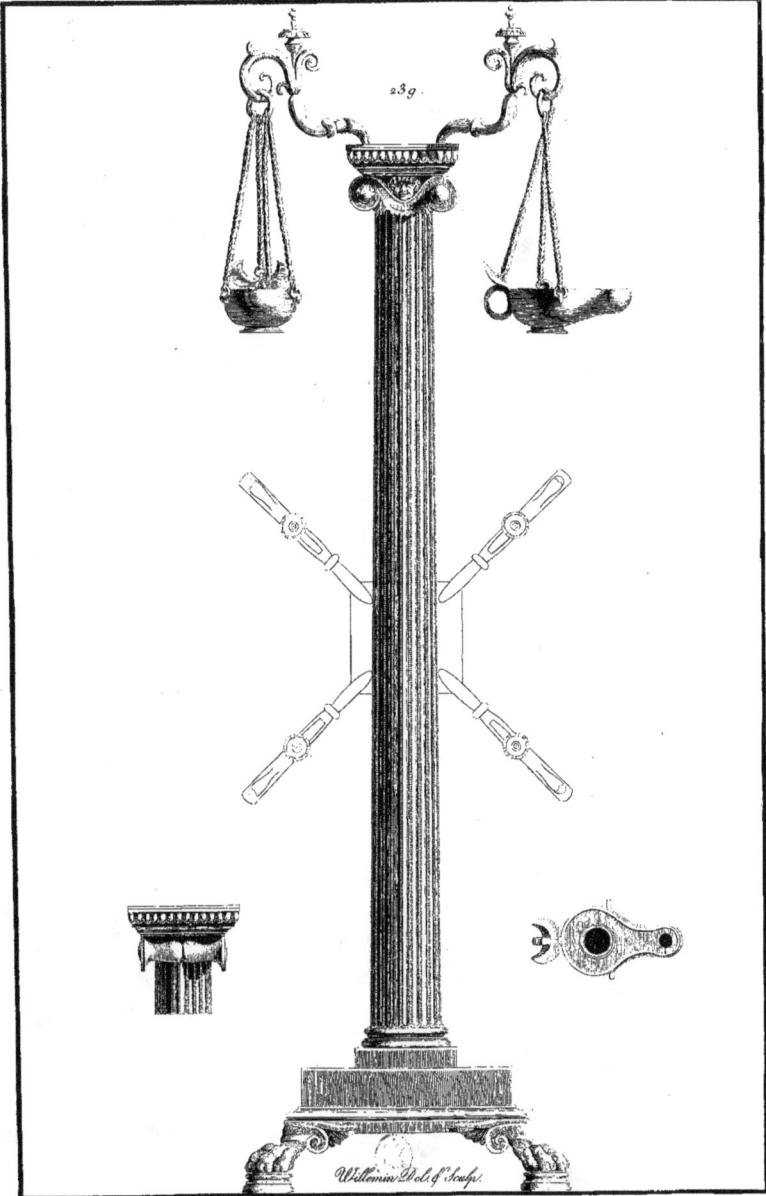

239

Willemin Del. et Sculp.

240.

241.

ΔΙ ΑΣ

242.

243.

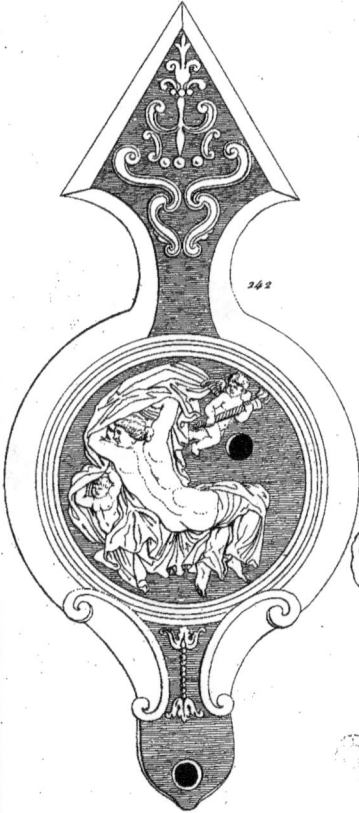

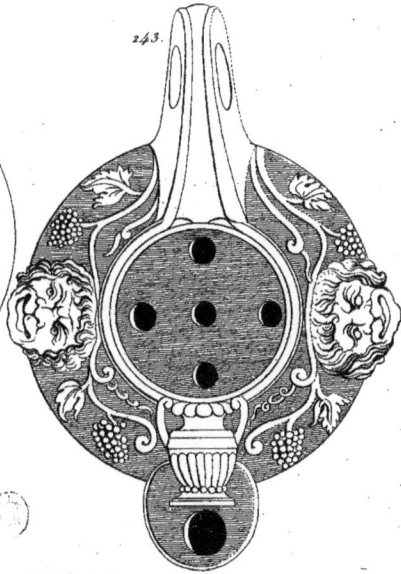

Willemin Del. & Sculp.

244.

Willemin Del. & Sculp.

245.

246.

267.

Pl 84.

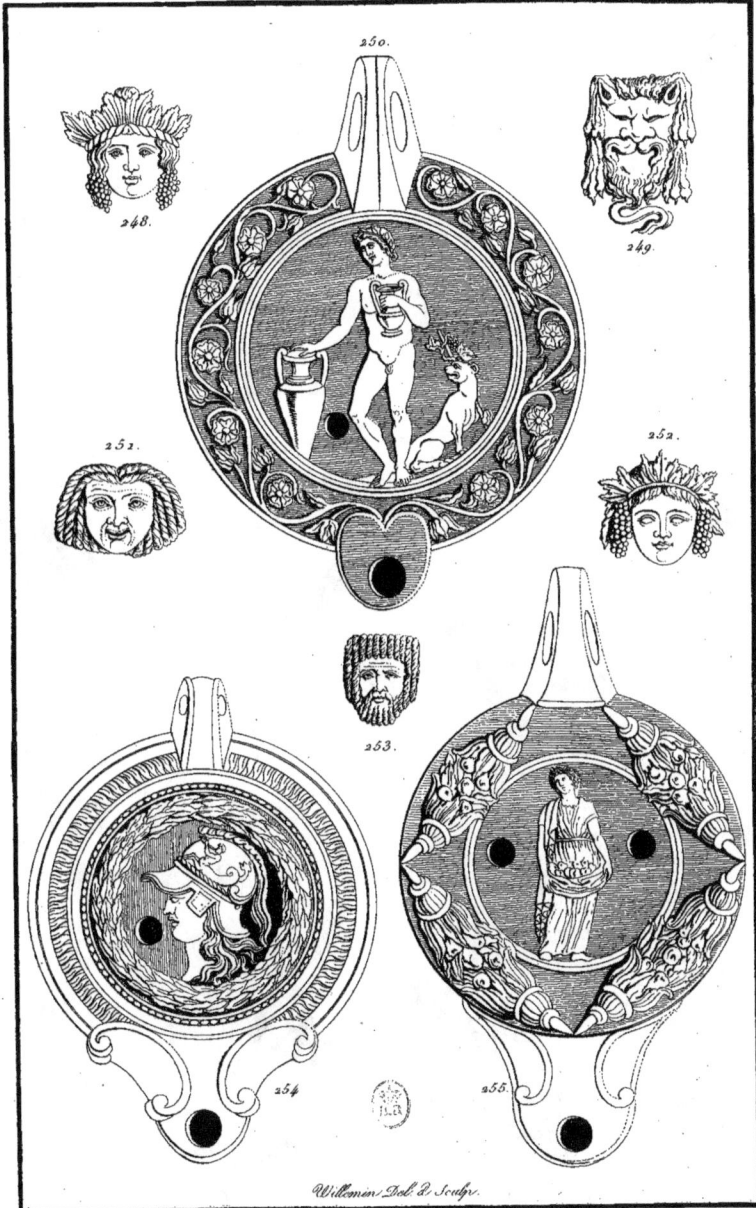

248.

249.

250.

251.

252.

253.

254.

255.

Willemin Del. & Sculp.

Habillement Grec Dorien.

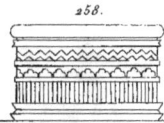

256.

257.

★ ★

258.

259.

Willemin Del. & Sculp.

259.

260.

Willemin Del. & Sculp.

Pl. 87.

Ustensils de métal, inédits et trouvés à Herculanum.

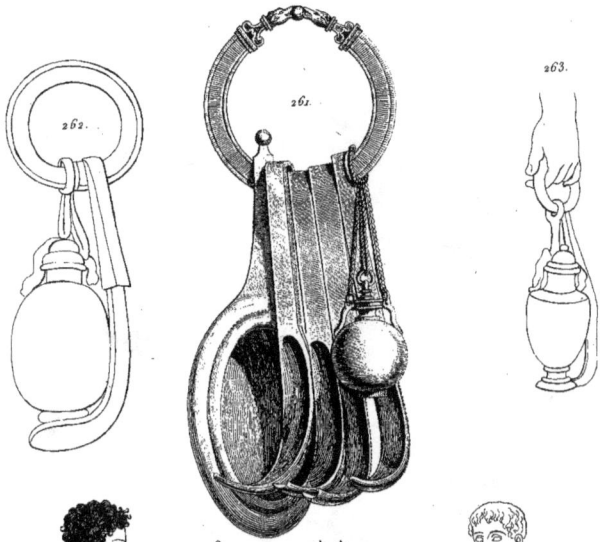

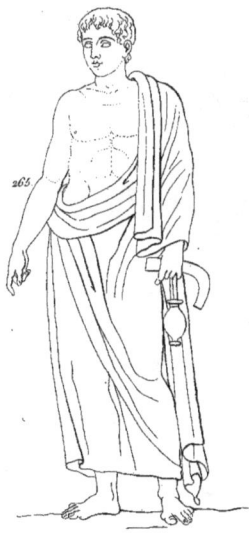

262.

263.

261.

★ ★

264.

265.

Willemin Del. & Sculp.

Pl. 88.

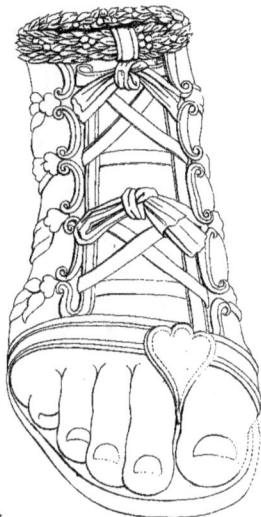

266.

267.

266.

Wellemin Del. & Sculp.

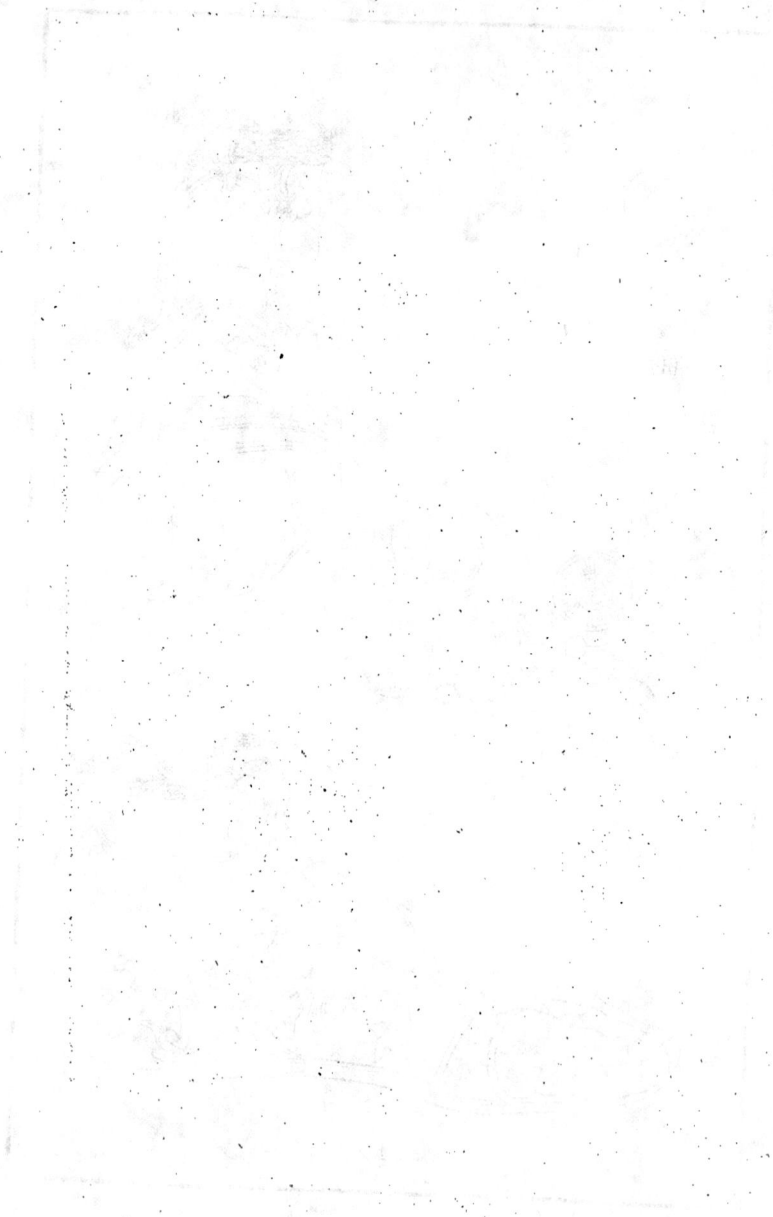

Addition aux Costumes des Grecs

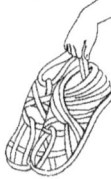

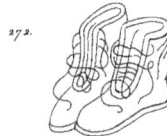

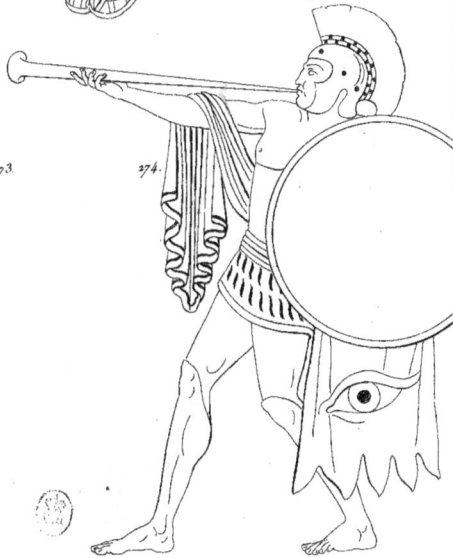

266.

269.

270.

271.

272.

273.

274.

Willemin. Del. & Sculp.

Pl. 90.

276

Willemin Del. & Sculp.

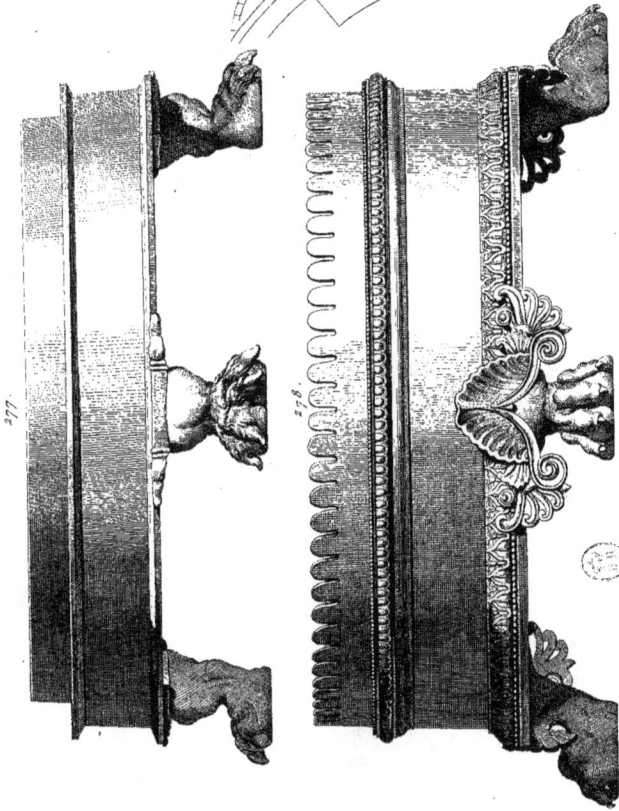

Brasiers en bronze et en argent, inédits et trouvés à Herculanum.

277

278

Wilhelmin Del. P. Inc.

Pl. 92.

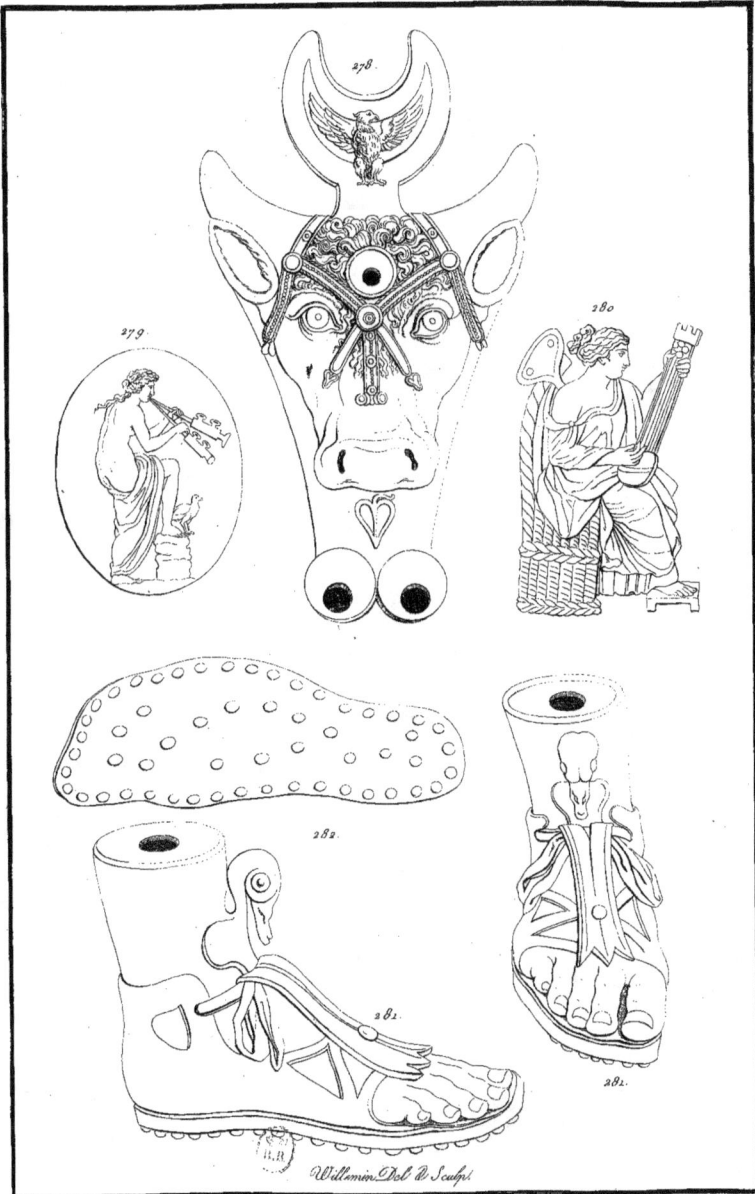

278

279

280

282

281

281

Willemin Del & Sculp.

Meubles Grecs.

283.

Trônea.

284.

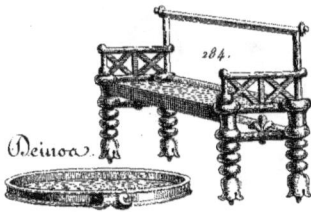

Deinoa.

285.

Phiale balanoote.

Willemin Del. & Sculp.

Pl. 94.

286.

287.

288.

289.

Willemin Del. & Sculp.

Monumens Grecs inedita

190

★ ★

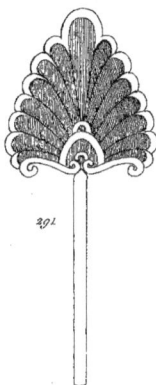

291

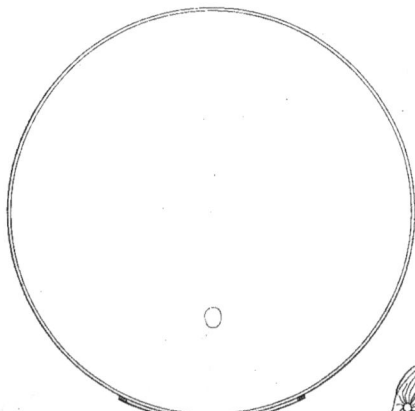

★ ★

292

293

Willemin Del. et Sculp.

296.

295.

296.

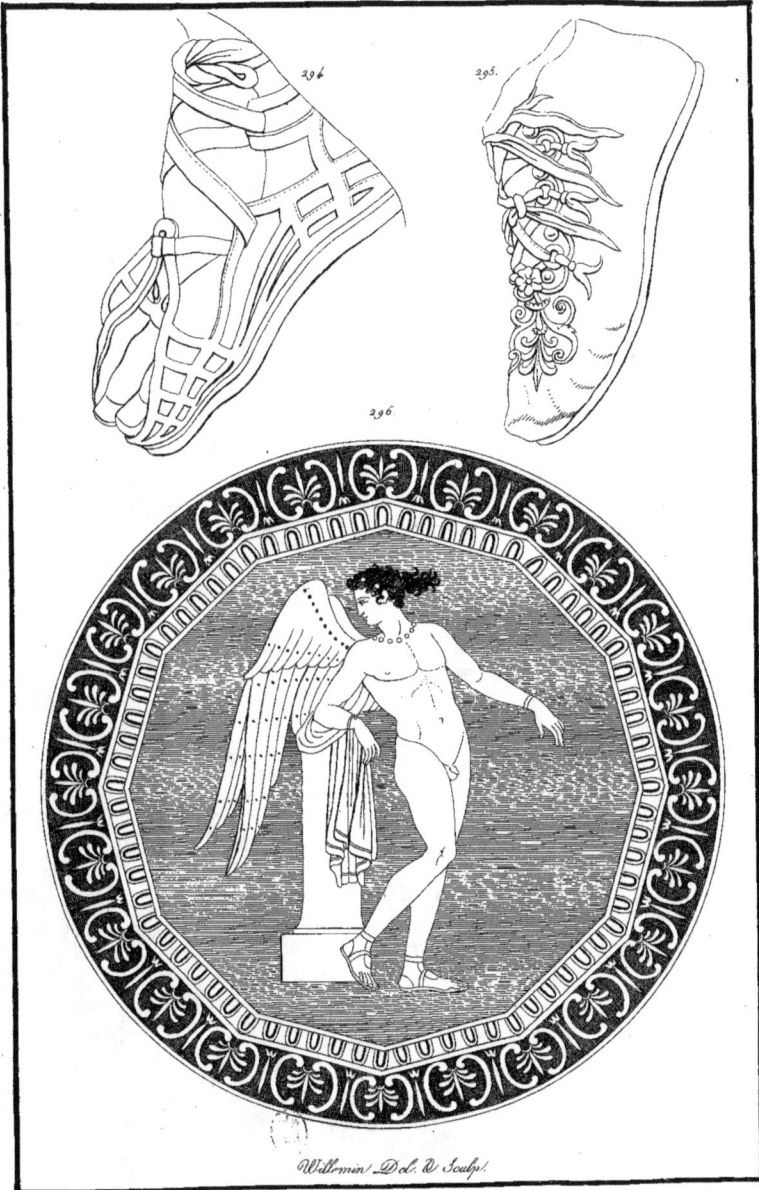

Willemin Del. & Sculp.

Pl. 97.

Trépied trouvé à Herculanum

297.

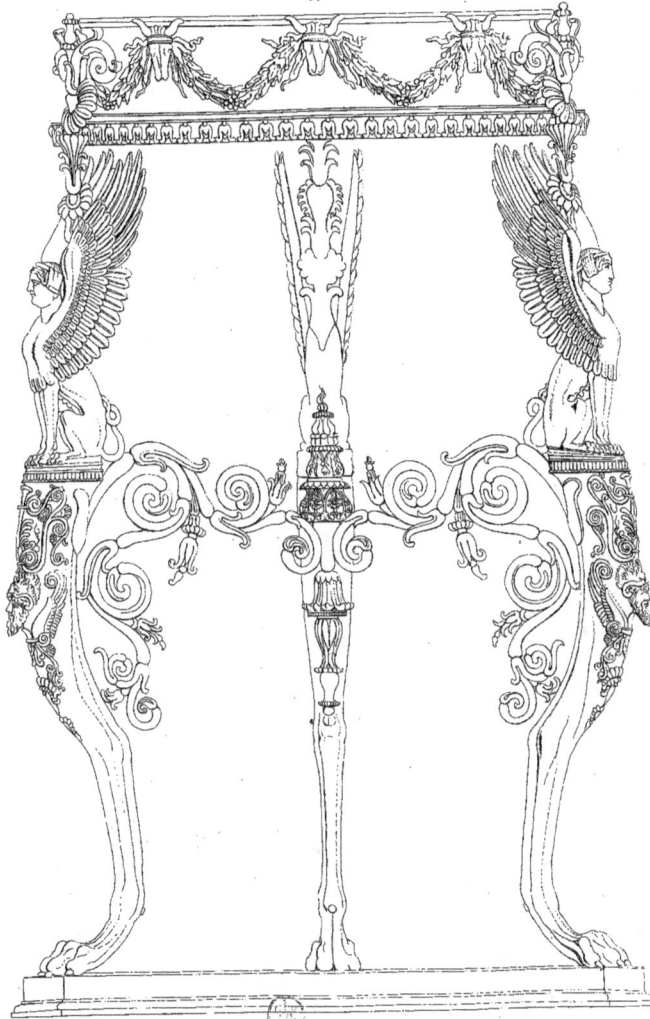

Willemin Del. & Sculp.

298.

299.

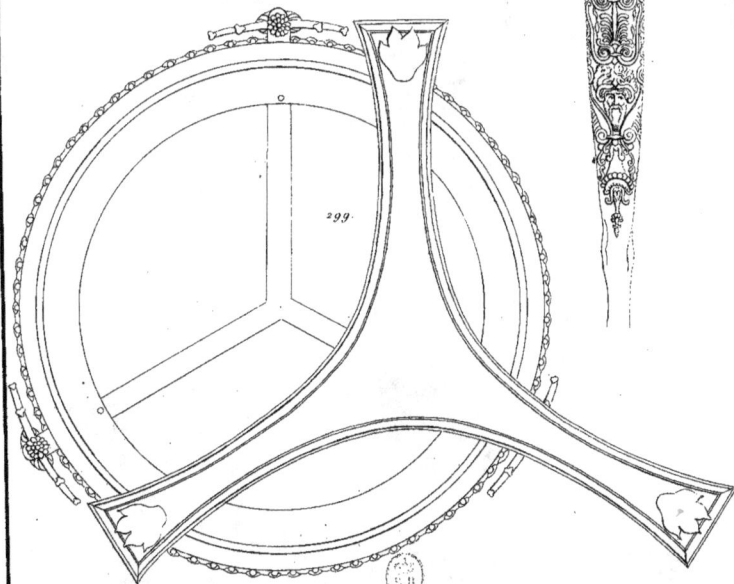

101

100

100

Willemen Del. & Sculp.

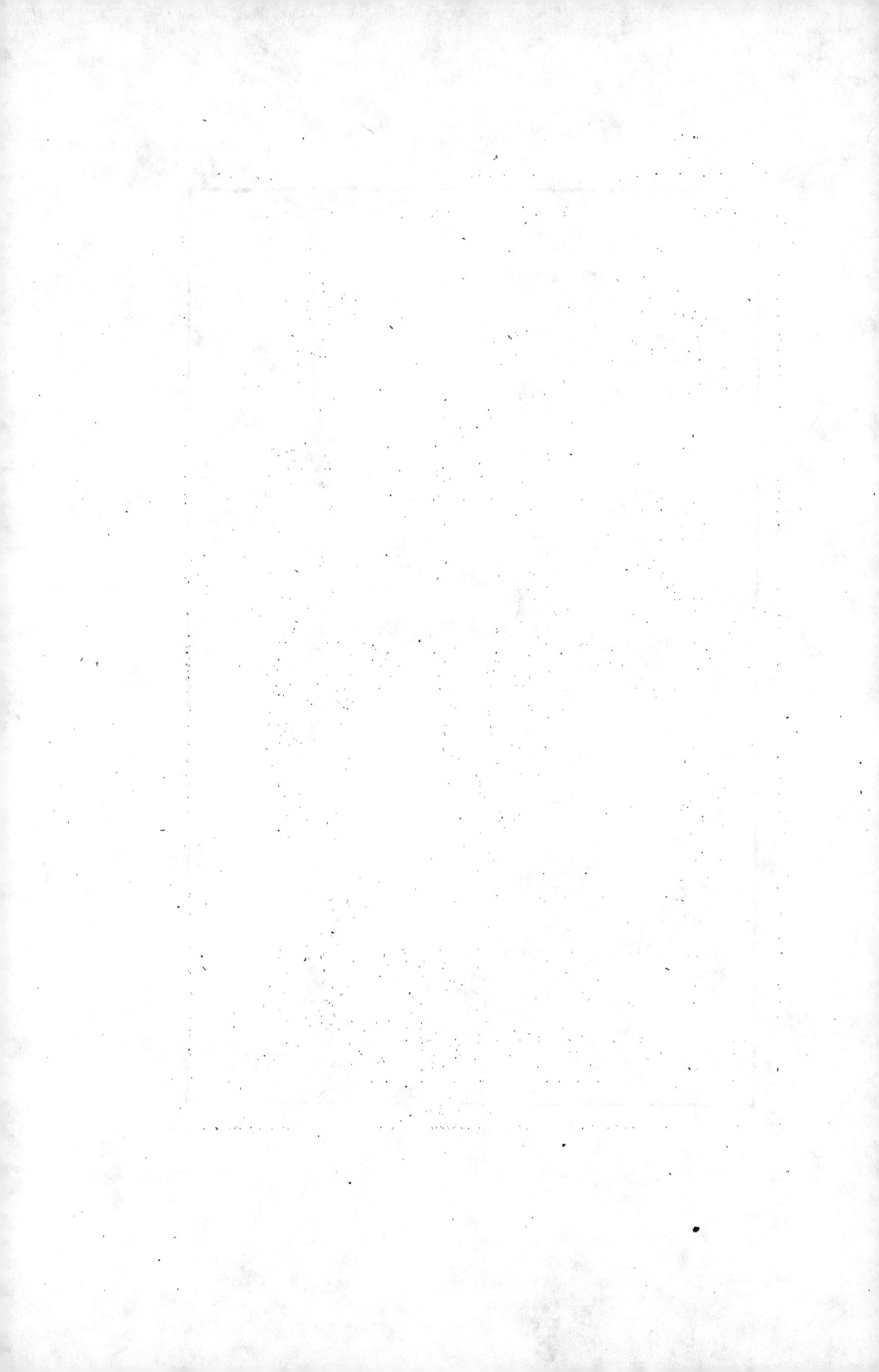

Coïffures et Habillemens Etrusques, des deux Sexes

106.

102.

103.

104.

105.

108.

105.

107.

ΛΑΡΘΙ · ϹΡΑϹΗΕ · ΛΑΡΙϹΑΛΡΙΙ · ΤΧΧΛΙ

Willemin Del. & Sculp.

Trône Etrusque en marbre.

109

109

110.

111.

112.

113.

SAELVI·FALFIA·S+V

114.

115.

Welleman Del. & Sculp.

www.ingramcontent.com/pod-product-compliance
Lightning Source LLC
Chambersburg PA
CBHW061013280326
41935CB00009B/953